너 하고 싶은 대로 ───── 해

Just Be Yourself

아무것도 하지 않으면 아무 일도 일어나지 않아

너 하고 싶은 대로 해 Just Be Yourself

초판 1쇄 인쇄 | 2020년 1월 7일
초판 1쇄 발행 | 2020년 1월 12일

지은이 | 정은혜
발행인 | 김태영
발행처 | 도서출판 씽크스마트
주　소 | 서울특별시 마포구 토정로 222(신수동) 한국출판콘텐츠센터 401호
전　화 | 02-323-5609·070-8836-8837
팩　스 | 02-337-5608

ISBN 978-89-6529-223-4 03340

이 도서의 국립중앙도서관 출판예정도서목록(CIP)은 서지정보유통지원시스템 홈페이지(http://seoji.nl.go.kr)와
국가자료공동목록시스템(http://www.nl.go.kr/kolisnet)에서 이용하실 수 있습니다.(CIP제어번호: CIP2020000177)

씽크스마트·더 큰 세상으로 통하는 길
도서출판 사이다·사람과 사람을 이어주는 다리

너 하고 싶은 대로 ──── 해

아무것도 하지 않으면
아무 일도 일어나지 않아

정은혜 지음

Just Be
Yourself

사이다
상담과 사랑을
이어주는다리

아름답게 완성될,
인간 정은혜의 궤적을
응원합니다

14년 전인 2006년의 일이다. 당시 나는 서울시장선거에서 열린우리당 후보로 출마한 참이었다. 그때 정은혜 의원은 대학생으로 캠프에 자원봉사를 왔다.

그리고 세월이 흐른 지금, 대학생이던 정은혜는 민주당의 국회의원이 됐고 나는 후원회장을 맡게 됐다.

옷깃을 스치기만 해도 인연이라 하더니. 돌이켜보면 깊이 내재되어 있던 인연을 다시 수면위로 떠올려 한 올 한 올 엮어가는 시기를 맞게 되었다는 감회가 밀려온다.

가끔 생각한다. 삶이란 우리가 미처 다 알지 못하는 커다란 강물 같은 흐름이 서서히 떠올라 우리를 채워주고 이어주는 것이고,

그 강물 위로 떠밀려가기도 하고 헤엄쳐가기도 하면서 여기저기 입은 상처와 젖은 자국들이 겹치고 겹쳐서 하나의 작품을 만들어가는 것이라고 말이다.

그리하여 삶은 결국 하나의 그림처럼 아름답고 훌륭하게 이루어진다.

누구나 갖고 있는 흔치 않은 삶의 궤적들.

이 궤적들을 용기 있게 헤쳐나가고 마주하며, 자신의 길을 꿋꿋하게 나아가는 것은 누구에게나 큰 귀감이 되는 법이다.

『너 하고 싶은 대로 해』에는 36살에 국회의원으로 당당히 서

기까지 진지하고 성찰하며 한 걸음 한 걸음 걸어온 한 사람, 정은혜의 궤적이 담겨 있다. 아마도 국회의원에 대한 일반적으로 쉽게 다가오는 편견과는 사뭇 다른 사람을 마주치게 될 것이다.

이 책은 한 개인으로서의 정은혜가 삶을 어떻게 바라보고 있는지, 또 결함과 상처를 어떻게 승화시키며 조화를 이뤄나가는지에 대한 이야기니까 말이다.

개개인인 우리는 결함과 부족함 투성이다. 그렇지만 커다란 강물처럼 삶을 이루어 자기 자신을 완성하고, 여럿이 함께 멋진 그림을 완성한다. 그래서 용기를 잃지 말고 꿈을 가져야 한다.

이 책은 완벽한 사람의 자랑이 아니다. 앞으로도 다양하게 채색되어갈 아름다운 그림이자, 곧 만들어질 가장 아름다운 미완의 작품으로서의 삶의 이야기이다.

우리는 이 책을 통해서 공감하고 격려받으며 함께 연대할 수 있는 힘을 얻게 될 것이다.

삶에 정답이란 없다. 정답을 찾기 위해 애쓰는 많은 이들에게 정은혜는 하고 싶은 대로 하라'고 외친다. 누구나 하고 싶지만 할 수 없는 그 말을 당돌하게 던지는 30대의 청년에게 '왜?', '어떻게?'라고 묻는다면 그 대답은 하나뿐이다. 그 과정 하나하

나가 당신이 완성해가는 삶 그 자체이기 때문이다. 지금 한순
간의 기다림은 결코 멈추는 것, 포기하는 것을 의미하지는 않
는다.

   2006년, 서울시장선거 캠프의 문을 두드렸던 22살의 당찬
정은혜의 선한 에너지가 이 책을 통해 여러분에게 가득가득 전
달되기를 진심으로 기대해본다.

   그리고 정은혜와 함께 우리 시대를 살아가는 모든 사람의 발
걸음에 큰 응원을 보낸다.

前 제55대 법무부 장관

강금실

정은혜, Eunhye
"Grace Jung"

83년생. 자신보다 더 어려운 사람을 돕는 작은 개척교회 목사인 아버지와 한 번도 자식들을 혼낸 적 없는 어머니의 무한한 사랑과 기도로 자랐다. '돈 벌어서 남 주고 배워서 남 줘라'는 가훈 덕분에(?) 정책을 통해 사람들의 삶을 돕고 싶었다. 무작정 돕겠다는 무모한 마음만 가지고 2004년 20살의 나이에 민주당 당원이 되었다. 동사와 명사도 구분 못 하던 영어 실력으로 28살에 미국 유학에 겁도 없이 도전했다. 20대를 '돈도 안 되는' 공부, 정당 활동, 유학 준비에만 몰두하다가 32살에 그 '쓸데없어 보이는' 경험으로 미국의 하버드 케네디 스쿨에 입학했다. 유학 중 만난 5살 연하의 88년생 든든한 남편과 갓 돌이 지난 사랑스러운 딸이 있다. 2019년 임기 8개월도 안 남은 국회의원직에 승계되어 36살의 나이로 민주당 최연소 국회의원이 되었다. 결혼, 유학, 정치 3개의 공을 저글링하며 하나도 생각한 대로 이뤄지지 않았다고 투덜대면서도 한번 결정한 일은 꼭 해야 하는 '맷집'이 참 좋은 사람이다. '한번 사는 인생. 남한테 피해 주는 거 아니면, 하고 싶은 거 다 하고 살자'는 인생의 좌우명이 있다. 앞으로도 하고 싶은 일을 하며 불가능해 보이고, 불가능해 보이는 일을 계속하며 살다가 천국에 가는 것이 꿈이다.

2019년 8월 8일, 종로구 익선동에서 딸의 돌잔치를 하고 집에 돌아와 휴대전화를 보니 청와대와 정당 관계자들로부터 많은 부재중 전화가 와 있었다. 그중 가장 먼저 전화를 걸어야겠

2019.08.08. 우리 딸의 돌잔치

다고 생각한 분은 윤호중 사무총장님이었다. 우리 당의 상황을 이해찬 당대표님 다음으로 가장 잘 알고 계시는 분이라고 생각했기 때문이다. 사무총장님은 조만간 이수혁 비례대표 의원이 주미 대사에 임명될 예정이고, 내가 국회의원에 승계될 수 있다고 하셨다. 2012년 청년 비례대표 후보가 된 후로 7년이 지났다. 2004년 정당 생활을 시작으로 정치생활 16년차가 되었다. 간절히 기다리고 바라던 순간이었지만, 기쁨보다 감사함과 책임감이 앞섰다.

이 책을 국회의원이 되어 출판할 것이라고는 생각하지 못했다. 하버드 케네디스쿨을 졸업하고 2019년 1월에 귀국한 뒤 나는 쭉 아기 엄마로 살았다.

"진짜 졸업했어요?"

한국에 돌아온 후 내가 가장 많이 들은 말이다. 2년을 하버드에서 공부하며 보냈고 졸업장까지 받아서 돌아왔으니 졸업한 것이 당연한데, 사람들이 왜 그런 질문을 하는지 알 수가 없었다. 왜 그런 질문을 하는지 되물으면 대다수는 이렇게 대답했다.

"미국 학교는 졸업이 어렵다는데, 결혼하고 아이를 낳으면서 졸업은 포기하고 돌아온 줄 알았지."

똑같은 학교를 똑같이 졸업하고 돌아왔는데 남편에게는 이렇게 말했다.

"아내랑 아이까지 있으니 빨리 일 시작해야지!"

심지어 내게 이런 말을 하는 사람도 있었다.

"아이도 어린데 벌써부터 왜 이리 일 욕심이 많아? 아기가 크면 그 다음에 생각해."

나는 그들의 기대(?)대로 엄마가 되었다. 아이가 돌이 되던 1년 동안 아이의 기저귀를 갈고, 분유를 먹이고, 아이가 가지고 놀던 장난감을 치웠다. 설거지를 하고, 냉장고 정리를 하고, 방을 치우고, 화장실 변기를 닦았다. 임신 후 체중이 25kg이나 증가해 생긴 발목 건초염과 아이를 안아주다 생긴 손목 통증으로 병원에 가는 것이 그나마 유일한 외출이었다. 하루를 정말 열심히 살았는데, 남편이 퇴근해서 돌아오면 집은 출근할 때의 모습 그대로였다. 나 자신이 한없이 쓸모 없게 느껴지기도 했고, 출근하는 남편이 부럽기도 했다. 매주 일요일 저녁마다 잠이 들 때면, 두려움과 공포가 몰려왔다. 누군가는 월요일에 출근하기 싫은 월요병이 있다는데, 나는 월요일에 갈 곳이 없다는 사실이 나 자신을 한심하고 불쌍하게 만들었다. 마음속에서는 '다시 일할 수 있을까?', '정치 활동을 다시 시작할 수 있을까?' 하는 두려움이 하루하루 자리 잡아가고 있었다. 그래도 딸아이가 웃어주는 순간만큼은 더없이 행복했다.

이런 아기 엄마가 갑자기 국회의원이 되다니! 내가 의원직을 승계한다고 공식 발표가 난 8월 9일, 수많은 기사가 쏟아졌다. 온종일 인터넷 포털 사이트를 열 때마다 실시간 검색어에 내 이름이 나왔다. 기사 내용은 주로 이러했다.

'하버드 졸업 후 육아 중이었는데 깜짝 의원이 되었다.'

'신라대 출신, 하버드 입학.'

'최연소 비례대표 국회의원 탄생.'

그중 많은 이들이 가장 궁금해했던 내용이 바로 '신라대 출신, 하버드 입학'이다. 사람들이 궁금해했던 것은 아마도 '어떻게 신라대를 졸업하고 하버드에 들어갔을까?', '집에 돈이 많아서 유학을 보내줬나 보네', '케네디스쿨은 돈만 주면 그냥 가는 학교인가', '신라대에 들어간 걸 보니 정말 공부를 못했나 보네' 등등. 이 외에도 나에 대해 궁금한 점이 많았을 거라는 생각이 든다. 그런데, 나도 알고 싶다. 나도 무척 궁금하다. 어떻게 신라대에서 하버드에 가게 되었는지. 내 인생이 왜 이런 방향으로 흘러오게 되었는지.

맨땅에 헤딩하는 심정으로 유학을 준비했고 그 과정에서 서러운 일도 많이 겪었다.

"한국에서 명문대를 나와도 떨어지는 곳이 하버드 케네디 스쿨인데, 은혜씨가 합격할 것 같아요?"라는 말을 듣기도 했다. 유학을 다녀온 사람이 주변에 없으니, 친구들에게 물어물어 이력서부터 에세이까지 모든 걸 혼자서 준비했다. 정말 힘들었다. 나와의 길고 외로운 싸움이었다. 그래서 나처럼 어린 시절부터 공교육 이외에 입시나 과외 교육을 넉넉하게 받을 수 없는 사람들이 어떻게, 어디서부터 유학을 준비하고 계속 공부할 수 있을지, 부족한 실력이지만 도움을 주고 싶었다. 내가 겪은 설움만큼은 당하지 않도록.

이 책은 '학벌 세탁'이나 '학벌주의'를 조장하기 위해 쓴 것이 아니다. 꿈이 있고 가고 싶은 길이 있다면 돌아가더라도 방법이 있다는 것을 보여주고 싶었다. 그리고 당신이 지금 꾸고 있는 꿈이 허상이 아니라, 한 발 한 발 나아가면 현실이 될 수 있다는 희망을 주고 싶었다. 과거의 실패는 실패가 아니라 성공이 되기 위해 수업료를 지불한 것이라고 말해주고 싶었다.

'남들에게 피해만 주지 않는다면 그냥 네가 하고 싶은 거 하면서 살아도 돼!'

이 책은 꿈을 꾸고 꿈을 따라서 살았던 한 사람의 이야기라고 생각하면 좋을 것 같다. 하고 싶은 게 있었고, 그걸 위해 노력하면서 살았다고. 만약 이루어지지 않았더라도 나는 최선을 다했으니 후회는 없다고. 나에게 최악은 유학을 못 가는 것이 아닌, 국회의원에 당선되지 못 한 것이 아닌, 그 모든 것들을 포기하는 것이었다고.

나는 지난 2019년 10월 11일 국회의원이 되고 생전 처음으로 4대 보험이 되는 '직장인'이 되었다. 이 직장마저도 8개월이 채 안 되는 짧은 기간이지만……. 내가 2020년 21대 국회의원 선거에서 지역구로 출마해 다시 국회의원이 되어 의원회관에 계속 남아 있을지, 다시 전업주부로 돌아갈지, 작가나 강사가 될지는 모르겠다. 하지만 변하지 않는 것은 나의 '자리'와 상관없이 내가 '말과 글로 희망을 주는 사람'이 되기 위해 포기하지 않을 것이라는 사실이다.

사랑하는 내 가족에게 감사한다. 나는 부모를 선택할 수 없었지만, 주님은 늘 나에게 최고의 것으로 주셨다. 상대적으로 가난했지만 그 가난으로 우리 가족은 무엇보다 소중한 사랑을 배웠다. 엄하지만 뒤에서 눈물 흘리며 심장이 터지라 기도하시는 아버지 정용기, 혼자 모든 아픔을 감당하며 끊임없는 사랑으로 우리를 감싸주시는 어머니 이주희, 어린 시절부터 친구처럼 함께 자라고 많은 것들을 공유하는 쌍둥이같은 2살 터울의 동생 정선혜, 큰누나를 위해 진심으로 기도하는 주님의 종 막내 동생 정회찬.

그리고 내가 새로 만난 가족. 부족하고 모자란 나의 모든 생각, 감정과 행동을 존중해주는 운명처럼 만난 5살 연하의 평생의 반려자 이창훈. 내 생명을 다 줘도 모자란, 나와 함께 10개월을 보내고 세상에 태어난 소중한 내 딸, 이시아. 그리고 새로운 인연으로 가족이 된 소녀같이 순수하고 한없는 사랑으로 기도해주시는 어머니 장현숙, 때로는 유머 있고, 때로는 엉뚱하지만 진지하고 배려 넘치는 멋진 아버지 이동희.

그리고 부천 동방교회 식구들, 보스턴 케임브리지교회 목사님과 성도들, 여고 동창 지세카, 신원초등학교, 신원중학교, 광영여자고등학교 선생님들과 동기들, 신라대학교 국제관계학과 교수님들과 친구들, 연세대학교 대학원 정치학과 교수님들과 대학원 동기들, 하버드 케네디스쿨의 교수님들과 전 세계에서 온 친구들, 친척분들, 정은혜 의원실 보좌진, 더불어민주당 당직자, 당원, 국회의원, 내가 그동안 만났던 미혼모, 어르신, 아동, 청소년, 청년들. 이분들의 이름을 나열하면 책 한 권이 될 것 같다. 진심으로 감사드린다.

마지막으로, 내 삶의 주인이자 나를 이 세상에 보내신 하나님께 감사드린다. 부족하고 못난 나를 사랑하시고 나의 잘못과 실수까지도 사용하시어, 합력하여 선을 이루시는 주님, 무엇보다 주님의 무한한 사랑으로 자존감이 높은 삶을 살 수 있었다.

내가 사랑받을 자격이 있어서 받는 것이 아니라, 주님의 값없이 주는 선물인 '은혜'로 무한한 사랑을 받고 있다는 사실이 내가 낙심하고 실패해도 다시 일어설 힘이 되었다. 내가 받은 사랑을 많은 사람에게 나도 베풀며 살기를 소망한다.

앞으로도 어설프고 부족한 인생을 살 것이다. 하루아침에 나의 인생이 멋지게 변하리라 생각하지 않는다. 중요한 것은 내 인생의 주인공으로, 당당히 내 삶의 스토리를 만들고 싶다. 남들과 비교하거나 나 자신을 줄 세우지 않고, 스스로 존재하는 나 자신만의 가치로 반짝반짝 빛이 나는. 그래서 그 빛을 다른 사람들에게 선물할 수 있는 삶을 살고 싶다. 먼 훗날 나의 20대를 돌아봤을 때, 실패했어도 후회하지 않는다는 굳은 마음을 가질 수 있도록, 오늘도 주님 앞에 부끄럽지 않은 삶을 살기 위해 그분의 말씀을 붙잡고 노력하며 살 것이다.

하버드에서 공부하고 한국에 돌아온 나는 바보가 되어 있었다.

"하버드 졸업하고 오니 더 멍청해진 것 같아요."

하버드를 졸업한 선배에게 말했다.

"그럼 잘 다녀오신 거네요"라는 대답을 들었다. 그렇다. 하버드에서 공부한다는 것은 똑똑해지고 아는 것이 많아지는 게 아니라 '내가 모르는 것이 무엇인가?'를 알게 되는 과정이었고,

그 끝에서 나는 더 배워야겠다고 생각했다. 이 책을 통해 소위 지방대라고 불리는 대학교를 졸업한 사람들, 학창 시절 공부를 잘하지 못했던 사람들, 유학은 가고 싶은데 어디서부터 준비해야 할지 모르는 사람들, 자신이 좋아하는 것, 해야 하는 것, 할 수 있는 것에 대한 고민이 필요한 사람들, 마지막으로 자신의 꿈이 무엇인지, 어떻게 이루어가야 하는지를 고민하는 사람들에게 조금이나마 희망을 드리고 싶다.

2019년 12월 19일
여의도 국회의원회관 645호실에서
정은혜

프롤로그

PROLOGUE

합격
통지서

'오늘쯤 이메일이 올 것 같은데⋯⋯.'

지난 몇 달간 나는 한국이 아닌 미국 시간으로 살았다. 밤새 지원 관련 절차를 밟기 위해 미국 시간에 맞춰 일어나고 연락하고, 아침이 되면 한국 사람과는 반대로 잠이 드는 생활이 몹시 피곤해지던 어느 날이었다. 그날도 새벽까지 미국에서 오는 연락을 기다리기로 마음먹었는데, 나도 모르게 2, 3시쯤 잠이 들었던 모양이다. 아침에 7시에 일어나니 '아차!' 하는 마음이 들어 후다닥 컴퓨터 앞에 앉았다. 왠지 모를 느낌과 함께 메일이 왔을 거라는 기대감이 들었다. 기대 반 걱정 반, 두근거리는 마음으로 컴퓨터를 켜고 이메일을 여는 순간 케네디스쿨로부터 온 메일이 눈에 들어왔다. 아직 합격 여부를 알 수 없는, 열지 않은 그 메일을 클릭하기 전 나는 속으로 수십 번 다짐했다.

'그리 아니하실지라도⋯⋯. 그리 아니하실지라도⋯⋯.'

2010년에 본 대학원 입학 자격시험(GRE) 성적 유효기간이 2015년이면 만료된다는 걸 알고 처음이자 마지막으로 도전했던 유학이다. 이제 합격하고 못 하고는 내 소관이 아니다. 내가 할 수 있는 일이란 원서를 정성껏 준비해서 내는 것이었고 나는 그것에만 최선을 다해 집중했다. 지난 10년간 준비한 유학이었지만 만약 합격이 되지 않더라도 최선을 다한 내게 떳떳하다고 말해주고 싶었다.

'실패하더라도 포기하지는 않았어.'

그리고 이메일을 열어본 순간, 내 눈에 들어온 첫 문장을 잊을 수가 없다.

Congratulations!

 **HARVARD Kennedy School**
JOHN F. KENNEDY SCHOOL OF GOVERNMENT

OFFICE OF ADMISSIONS

March 9, 2016

Eunhye Jung
-Ro,   -Gu,
-Si,   -do
South Korea

Dear Eunhye:

We join Dean Elmendorf in congratulating you on your admission to Harvard Kennedy School as a member of the Two-Year Master in Public Administration (MPA2) class of 2018. The Admissions Committee spent many hours reviewing applications, and you should be justifiably proud of this outstanding achievement. Please take the time to carefully review both this letter and your new admit portal.

We would like to highlight some important information available to you immediately that will assist you with the enrollment process. On your new admit portal you will find important information on a variety of topics, including:

- A link to our online response form where you must accept or decline your admission offer
- Housing information
- Student Financial Services information
- Links to our admitted student message board and New Admit Blog
- Information on our New Admit Day (**Friday, April 8, 2016**) and Alumni Happy Hours in select cities

In addition, if you are interested in possibly being contacted by a current student, please make sure to click on the appropriate link in the online version of this letter. Financial aid decisions will be released during the first week of April. You will receive an email instructing you to login to the MYFAID website to review your financial aid information. We are unable to provide financial aid decisions prior to this date.

Please notify us of your decision to accept or decline your admission offer by **April 15, 2016**. If you plan to attend, your notice of acceptance must be accompanied by a non-refundable deposit of $750. The deposit is payable online by credit card or you can mail a personal check made payable to Harvard University. If you mail a check, it must be received by **April 15, 2016**. The deposit will be credited toward your tuition when you enroll. Also note that you may not accept an offer of admission to more than one graduate program.

Your admission and registration for the fall are contingent upon receipt of all required official admission documents. You can view information on the documents our office needs to receive on your new admit portal. Please arrange to have official transcripts and any other required documents delivered to our office no later than **July 31, 2016**. If you were an undergraduate or graduate student at the time of your application, you must submit final official transcripts with the date your degree was awarded.

Registration and orientation are scheduled for **August 22-26, 2016** and classes begin on **August 31, 2016**. *Orientation is mandatory for all new students so please plan ahead*. Congratulations once again on becoming part of the HKS community. We look forward to your arrival.

Sincerely,

Matt Clemons
Director of Admissions

PHONE 617-495-1155 FAX 617-496-1155

79 John F. Kennedy Street
Cambridge, Massachusetts 02138

www.hks.harvard.edu

읽어 내려갈수록 합격했다는 내용이 분명했다. 입학 절차와 오리엔테이션 일정까지 자세하게 안내하고 있는 것 같긴 했지만, 이메일 내용이 너무 길었다. 세 쪽 정도의 분량이 영어로 꽉 채워져 있었다. 뭐든 확인은 확실하게 해야 하는 성격이라, 미국에서 대학원을 졸업한 선배에게 이메일 내용을 보내며 물었다.

'선배, 이게 합격했다는 이메일인 것 맞죠?'

'은혜야! 축하해!'

선배의 답장을 받자마자 당장 부모님 방으로 달려갔다. 부모님께서는 아직 주무시고 계셨지만 나는 방문을 열고 큰 소리로 외쳤다. '아빠, 나 하버드 합격했어! 하버드 합격했다고! 엄마, 일어나봐! 나 진짜 합격했어…….' 목소리가 점점 작아지며 떨리기 시작하더니 이내 손부터 시작해서 온몸이 다 떨려왔다. 두 눈에서는 뜨거운 눈물이 흘렀다. 잠결에 소식을 들은 부모님은 어리둥절한 표정을 하시면서도 나를 안아주며 함께 눈물을 흘리셨다. 그것은 정말이지 기쁨의 눈물이었다. 우는 중에 나직한 한마디가 입술을 타고 흘러나왔다.

"주님! 감사합니다."

합격 발표가 나기 일주일 전 총 세 통의 이메일이 왔다. 첫 이메일은 불합격에 관한 것이었다. 불합격한 사람들은 미리 마음의 준비를 하라고 보내주는 건가 보다 생각했다. 이후 대기자

(waiting list)에 관한 이메일, 마지막으로 합격하게 된다면 어떤 절차가 남아 있는지에 관한 이메일이 순서대로 왔다. 다음 이 메일에서는 곧 합격자 발표가 날 것이라고 했다. 나의 예상이 맞았다. 그렇게 10년 동안을 외로움과 막막함 속에서 눈물로 준비했던 미국 하버드대학교 케네디스쿨에 합격했다.

차 례

CHAPTER 1

근거 있는 자존감

CHAPTER 2

은혜야, 하고 싶은 대로 해

CHAPTER 3

계획한 대로가 아니더라도

CHAPTER 4

잘했고, 잘하고 있고, 잘할 거야

C H A P T E R   1

근거 있는

자 존 감

벽돌 가게 장녀

빨간 벽돌 가루와
강원도 양구의
추억

나는 1983년 서울 강서 지역에서도 끝자락에 있는 양천구 신월동에서 태어났다. 내가 태어났을 때는 강서구였지만, 1988년 강서구에서 분리되어 양천구 신월동이 되었다.

아버지는 서울 중구에서 자랐지만, 고향은 전라남도 벌교였다. 지금은 외가가 전주에 있지만 어머니는 어린 시절을 전라북도 부안 서외리에서 보냈다. 그렇게 각자의 삶을 살던 두 사람이 운명처럼 만나 사랑하던 1979년 어느 날, 아버지는 어머니께 프러포즈했다. 그때 어머니는 아버지가 했던 프러포즈의 말 한마디 때문에 이후 30년이 넘는 시간 동안 당신 집은 한 채도 마련하지 못한 채 이웃을 돕는 삶을 살게 되리라고는 꿈에도 생각지 못했을 것이다.

어린 시절 아버지는 작은 벽돌 가게를 운영했다. 나와 동생들은 가게에서 벽돌을 빻아 고춧가루를 만들고 물동이에 넣어 찌개라고 하며 놀았다. '천진난만한 모습으로 소꿉놀이를 했다'라고 표현하면 참 아름답겠지만, 사실은 가정 형편이 넉넉하지 못해 장난감을 많이 가질 수 없었던 것이 현실이었다. 하루는 친구를 따라 길을 나섰다가 친구 집에서 기차 모형을 보았다. 갖고 싶은 마음이 간절했다. 플라스틱으로 만든 기차가 철로를 따라 자동으로 움직이는 장난감이었는데, 얼핏 기억을 더듬어보아도 가격이 만만치 않았던 것 같다. 우리 집에는 둘 공간도 없었다. 더욱이 우리 집 형편에 도저히 사줄 수 없다는 걸 알고 나는 부모님께 졸라보지도 않았다. 대신 나는 동네 친구들을 모아 고무줄이나 술래잡기 등의 '놀이'를 했다. 그때부터 줄곧 또래 친구들과 어울리면서 자연스럽게 리더십을 발휘했던 것 같다.

우리 가족은 신월동에 있는 드라마 '한 지붕 세 가족'에 나올 법한 허름한 다세대주택에 살았다. 주인아주머니가 있었던 것으로 기억나고, 10평 남짓 되는 방 두 칸짜리 반지하 집에서 연탄을 때며 살았다. 그 당시 사진이 남아 있는데, 주인아주머니에게 허락을 받고 주인집 정원에서 마치 우리 집인 것처럼 어머니와 여동생과 함께 예쁜 옷을 입고 사진을 찍었던 기억이 있다. 정말 우리 집이었으면 좋겠다고 생각하면서 어머니와 환하게 웃으며 찍은 그 사진을 볼 때면 추억이 새록새록 떠오른다. 저녁이 되면 어머니가 양동이에 물을 담아 연탄불에 데운

다음 나와 동생들을 씻겨주었던 기억도 난다. 그 작은 집에서 할머니와 아버지, 어머니, 나, 여동생, 남동생까지 총 여섯 명의 대가족이 살 정도로 어려운 형편이었다. 그러다가 내가 초등학교에 들어가고 얼마 지나지 않아(기억하기로는 2학년 즈음이었던 것 같다) 아버지의 사업이 어려워졌다. 아버지는 벽돌을 취급하는 일을 했는데 주로 건축회사에 벽돌을 자재로 납품했다. 그런데 건축회사가 자재는 다 받아 놓고 공사가 다 끝난 뒤에 대금을 지급하지 않아 재정적으로 큰 위기에 처한 것이었다. 그 당시 아버지는 30대 초반, 지금의 나와 비슷한 나이였다. 그 젊은 나이에 여섯 명의 부양가족을 책임져야 했으니 마음의 짐이 얼마나 컸겠는가. 사업 실패와 동시에 사람에 대한 신뢰마저 잃어버린 아버지는 홀로 강원도 양구에서 농사를 짓겠다고 선언했다. 나는 사람을 믿지 못하겠으니 양구에 있는 초가집을 사서 차라리 동물에게 사랑을 주며 살겠노라고 했다. 이후로 나는 방학이 되면 양구로 가서 지냈다. 여름에는 개구리와 잠자리를 잡고, 한겨울에는 소복이 쌓인 눈 위에 비료 포대 자루로 썰매를 타며 놀았다. 우리 삼남매에게는 너무 행복한 시간이었고, 아직도 그때의 기억이 생생하다.

아버지의 삶

최악의 상황에서도
책임을 다하는
삶

초등학교 6학년 때 쓴 일기에는 유독 아버지를 원망하는 내용이 많이 남아 있다. 그 당시에 아버지가 나에게 잔소리를 많이 했기 때문이다.

"TV 좀 그만 봐라."

"왜 책상 정리를 제대로 안 하니?"

물론 성인이 되고 나서 아버지는 눈물을 흘리며 어린 나에게 했던 말들에 대해 진심으로 사과했다. 그리고 나 또한 결혼하고 엄마가 되어보니 아버지의 마음이 이해가 되어 미움 따위는 눈 녹듯이 사라진 지 오래다.

TV와 관련해서 재밌는 에피소드가 있다. 당시 아버지는 TV는 바보상자라고 하며 TV 보는 걸로 혼을 내서 나와 동생들은 몰래 볼 때가 많았다. 우리가 TV보다는 책을 가까이하기를 간절히 원하셨고, 공부를 강요하지는 않았지만 책을 많이 읽으라며 사촌들 집에서 안 보는 책을 잔뜩 가져오실 정도였다. 학교에서 돌아와 동생들과 TV를 보다가 계단 아래로 아버지 발소리가 들리면 얼른 끄고 후다닥 각자 방으로 가거나 할 일을 했다. 재빨리 흩어지는 그 모습이 마치 바퀴벌레 같아서 나와 동생들은 집에 사는 바퀴벌레가 우리였다고 푸념하곤 했지만, 지금 생각하면 참 재미있는 추억이다.

한 가지 재미있는 기억은 아버지가 양구에 있을 때 처음에 15마리였던 닭이 3000마리로 늘어난 것이다. 그걸 보면서 아버지는 '그래, 이걸로 사업을 하자' 하고 마음먹었다. 그런데 그런 기대감이 큰 실망으로 바뀌는 일이 일어났다. 하루는 서울에 볼일이 있어 가축들만 남겨두고 집을 비우게 되었다. 다음 날 양구에 돌아와보니 아주 처참한 광경이 펼쳐졌다. 키우던 사냥개가 목줄을 풀고 닭장에 들어가서 닭을 죄다 물어 죽인 것이었다. 먹으려고 한 게 아니라 놀이로 생각해서 도망가는 닭들을 물어 죽인 것이다. 아버지는 결국 그 일마저 접어버렸다.

연이은 사업 실패에 아버지는 하나님을 원망했다. 신이 존재한다면 열심히 살고자 애쓰는 내게 어떻게 이런 일이 일어날 수 있는지, 도저히 이해할 수 없었다고 했다. 산속에 들어가 하나님께 눈물로 소리 지르며 기도하고 전국 방방곡곡을 다니며 하나님을 찾았다고 한다. 아무리 노력해도 풀리지 않는 의문

앞에 갈피를 잡지 못한 아버지는 정말 모든 걸 포기하고 고향
으로 돌아가야겠다고 결심했다.

그런데 기차를 타러 서울역으로 간 그때, 문득 하나님이 깨
달음을 주었다고 한다.

'하나님, 어디 계신가요?'

'그토록 애타게 부르짖고 찾아다녔는데 하나님은 그 어느 곳
도 아닌 내 마음에 계셨구나, 이 모든 고난도 주님이 허락하셨
기에 일어났구나' 하는 깨달음을 얻고 곧장 집으로 돌아온 아
버지는 자신이 스무 살 때쯤 교회에 다니면서 받은 종교적인
소명을 떠올렸다고 한다. 기도회를 하고 예배를 드린 후에 목
사님 한 분이 아버지에게 "당신은 주님의 일을 해야 하오"라고
말씀하시면서 목회자의 소명이 있다고 이야기했다고 한다.

아버지는 지난 삶을 돌아보고 자신의 현재 모습을 이해하게 되었다고 한다. 그리고 지금이 바로 그 소명에 응답할 순간이라는 생각이 들어 '지금부터는 나보다 더 어렵게 사는 사람들을 도와야겠다'라고 결심했다. 들을 때야 정말 감동적이라고 할 수 있겠지만 사실 평범한 사람들이 절망과 막막함 속에서 저렇게 생각할 수 있을까 싶다. 만약 그때 아버지가 다른 선택을 했더라면 지금 내 모습도 달라져 있지 않았을까? 어려움 속에서도 더 어려운 사람을 생각한 아버지의 결심 덕분에 지금의 내가 존재한다. 아버지는 바닷가에서 어머니에게 프러포즈하면서 "우리 결혼하면 어렵고 힘든 사람들을 도우며 삽시다"라고 말했다고 한다. 결국 그 말대로 삶이 흘러가게 된 것이다.

하지만 깨달음을 얻은 후에도 삶은 계속 이어져야 했기에 하루하루는 현실이었다. 현실을 감당하고자 새벽 일찍 일어나 일을 나가야 했던 아버지. 어느 날 새벽인지 어렴풋이 기억나는 장면이 있다. 잠결에 부스럭거리는 소리를 듣고 눈을 떴을 때 아버지는 소위 '노가다'라고 불리는 막노동을 하기 위해 일찍 집을 나서는 참이었다. 일용직이라도 당장 돈을 벌어야 했기 때문이다. 나는 새벽에 분주하게 움직이며 출근하는 아버지의 뒷모습을 애써 외면하고 자는 척했다. 아버지가 혹시 깨어있는 나를 보면 속상해할 것 같았다. 그리고 찬 공기와 함께 사라지는 아버지의 등을 보며 그 모습이 꿈이었으면 좋겠다고 생각했다.

어머니의 삶

묵묵히 감당하고
사랑하는 삶

초등학교 2학년 때였다. 어머니가 갑자기 나를 불러 앉히더니 할 말이 있다고 했다.

"앞으로는 은혜가 학교에서 돌아왔을 때, 엄마가 집에 없을 거야. 엄마는 일하러 나가야 한단다."

하늘이 무너지는 것 같았다. 학교에서 돌아오면 항상 나를 반겨주던 어머니가 이제는 집에 돌아와도 없다니 어린 마음에 너무 슬펐다. 어머니가 일하러 나가면 그렇게 마음이 아프고 힘들었다.

당시 어머니는 급격하게 기운 집안 형편 때문에 신월동에 있는 새마을금고에 취직했다. 출근해서 책상 앞에 종일 앉아 있는 일이 아니라, 동네 시장을 돌아다니며 은행까지 가기 어려운 시장 상인들의 하루 수입을 받아서 은행에 입금을 하는 일이었다. 이곳저곳 돌아다니며 돈을 받아야 하기 때문에 하루 8시간 이상을 발이 부르트도록 걸어야 했다. 그 시절을 돌이켜보면 항상 농구화를 챙겨 신고 집을 나서던 어머니의 모습이 가장 먼저 떠오른다. 여름에는 얼마나 덥고, 겨울에는 또 얼마나 추웠을까.

그 추운 겨울, 생각나는 장면이 하나 있다. 바로 어머니의 손이다. 한겨울에도 돈을 세야 해서 장갑을 낄 수 없었던 어머니는 추워서 곱은 손을 비비며 다녔다. 집에 오면 빨갛게 부르튼 손으로 내 볼을 만져주던 어머니의 손길이 아직도 기억에 생생하다. 별개로, 그래서인지 어머니는 돈을 세는 데 달인이 되었다. 지금도 돈을 한번에 집어 얼마인지 금액을 척척 맞힌다.

당시 새마을금고 월급은 30만 원 정도였는데, 당시 쌀 한 가마의 가격이 7만 원이었던 것을 생각하면 우리 여섯 식구가 살기에는 턱없이 부족했다. 어머니는 가전제품 방문판매원 일도 병행했다. 집집마다 돌아다니며 가전제품 사진이 인쇄된 브로슈어를 나눠주고 물건을 팔았다. 냉장고나 세탁기 같은 대형 가전은 회사에서 배송했지만, 선풍기나 다리미 따위의 소형 가전은 어머니가 대리점에서 주문한 곳까지 직접 들고 배달했다. 여름에는 더위 탓에 방문한 상점마다 물 한 잔씩 하루에 수십 잔을 얻어 마실 정도로 고생했다. 계절이 바뀌어 겨울에도 어머니가 일한 기억들이 많은데, 어릴 적부터 써왔던 일기를 보면 어려운 가정형편에 자신에게 쓰는 돈이 아까워서 내복도 못

입고 다니는 어머니를 보고 속상해 쓴 글이 있다.

제목 : 우리 엄마

우리 엄마는 아주아주 착한 사람이다. 우리가 말을 안 들어도 안 때린다. 우리 엄마는 형편이 어려워서 새마을금고에 다니고 있다. 난 엄마가 그러는 게 싫다. 엄마가 저번에 "엄마 새마을금고 안 다니는 게 좋겠지? 돈은 없는데 너희들을 먹여 살리려면 다녀야겠고, 너희들은 내가 있어야 하니까 다니지 말아야겠고." 나는 그때 속으로 울음이 나왔다. '엄마가 나 때문에 이렇게 고생하는 게 싫어!' 엄마는 요새 전기세 15만 원 밀린 것과 TV 요금 10만 원이 밀린 게 걱정이셨다. 나는 아빠가 미웠다. 엄마가 이렇게 고생하시는데…….

그리고 어제 이모네 가면서 이랬다. 엄마가 "돈 걷으러 다니는 게 좀 힘들지만 다리 운동이 되어서 좋아"라고 하셨다. 나는 슬펐다. 엄마가 쇼핑이라는 걸 한 번이라도 해보고 좋은 반지, 목걸이, 옷도 사 입었으면 좋겠다. 엄마가 며칠 전에 엄마 내복을 주면서 나에게 입으라고 했다. "그럼 엄마는 뭐 입어?" "난 내복 안 입어도 돼." 그때는 엄마에게 내복을 사주고 싶고 찬송집도 사주고 싶었다. 하지만 돈이 없었다. '엄마가 내복도 안 입고 살다니.' '이 겨울에 이 집 저 집 돌아다니면서.' 내가 엄마에게 내복과 찬송집이 각각 얼마냐고 하니까 내복은 한 1만 5000원쯤 되고 찬송집은 2만 원이 넘는다고 했다. 난 무엇보다 엄마 내복을 사주고 싶다. 예전에 있던 내

복도 무릎이 다 닳았다. 그때마다 '엄마는 어떻게 저런 내복을 입나?' 하고 생각했다. 나중에 커서 훌륭한 사람이 되겠다. 그래서 엄마와 같이 쇼핑이라는 걸 해보고 싶다. 엄마가 좋다.

_1994년 1월 5일

함께 많은 시간을 보내지는 못했지만, 다행스럽게도 내게는 어머니가 나를 정말 사랑하신다는 확신이 있었고, 그 사랑 속에서 나는 자존감 높은 사람으로 성장했다.

어머니의 사랑이 느껴지는 기억 하나가 있다. 당시 어머니는 밤 12시가 다 되어 귀가할 때가 많았다. 그 시간까지 일을 하다가 겨우 피곤한 몸을 이끌고 집에 돌아왔건만, 어머니는 옷도 갈아입지 않고 김치전을 부쳐주시곤 했다. 한겨울 나와 동생들은 상 앞에 동그랗게 둘러앉아 뜨거운 김치전을 호호 불며 맛있게 먹었다. 낮 동안 우리를 제대로 돌보지 못한 미안함에, 힘든 하루 일과를 마친 뒤에도 김치전을 부쳐주며 사랑하는 마음을 전하고자 했던 어머니를 우리 삼남매는 아주 행복하게 기억하고 있다.

그 후 새마을금고를 그만둔 어머니의 어렵게 구한 다음 일자리는 목욕탕 카운터에서 손님들에게 목욕비를 받는 것이었다. 대형 목욕탕이라 손님이 많았는데, 어머니는 채 1평도 안 되는 방에 앉아 들어오는 손님들에게 돈을 받았다. 목욕탕 특성상 주말에 더 바빴기 때문에 어머니와 주말에 함께 시간을 보내지 못하는 것이 안타까웠다. 어머니가 목욕탕에서 퇴근하는 늦은 저녁이면 아버지와 함께 어머니를 데리러 갔다. 그 길이 왜 그리도 좋았는지……. 목욕탕은 나에게 놀이터가 되었다. 작은 구멍으로 손님들이 돈을 밀어 넣으면 나는 얼른 거스름돈을 세어 어머니에게 건넸다. 그러다 눈이 마주치면 어머니는 항상 내게 따스한 눈빛으로 미소 지어주곤 했다. 그래서 목욕탕 가는 길은 항상 설렘으로 가득했다.

그 어렵다는 IMF 시절인 1998년, 아버지가 교회를 개척하고 어머니는 사모님이 되었다. 그렇다고 고생 끝 행복 시작인 것도 아니었다. 교회는 시작했지만 들어오는 헌금은 무료급식과 미혼모 사역을 하기에는 턱없이 부족했다. 근처에 살면서 폐지를 주워 생계를 이어가는 할아버지, 할머니들이 거의 100명씩 밥을 먹으러 왔다. 사람들에게 한 번도 이야기한 적 없지만, 어머니가 교회 앞 횟집에서 아르바이트를 하기도 했다. 횟집에서 번 돈으로 지역 어르신들을 위한 식사 준비로 쌀과 반찬을 샀다. 어린 내 눈엔 이해할 수 없는 상황이었다. 다른 교회 목사님과 사모님들은 주일이면 아주 멋진 모습으로 교인들과 악수하고 인자한 미소로 인사를 나누곤 했는데, 우리 어머니는 그래도 사모님인데 왜 저렇게까지 일을 하며 살아야 하는지 지금도 그때를 떠올리면 눈물이 난다.

돌이켜보면 경제적 어려움을 겪었기에 우리 가족이 서로 더 돈독해지지 않았을까 싶다. 생각하면 할수록 감사한 일이다. 그 어려운 시절에도 묵묵히 자신의 삶을 감당하고 자식들에게 불평이나 원망의 말 한마디 없이 자신의 삶을 받아들인 어머니. 어떠한 환경에 처하더라도 조용히 감당하는 어머니를 통해 사랑이 무엇인지 직접 보고 듣고 경험하며 살 수 있었다. 내 삶에 묵묵한 사랑을 채워준 어머니가 나는 참 자랑스럽다.

편지에 담긴 사랑

조건 없는
어머니의
믿음

나는 어머니와 주고받은 편지를 버리지 않고 다 가지고 있다. 사실 힘들고 어려운 순간이 참 많았지만 돌아보면 또 그렇게 힘든 기억만 있는 건 아니었다. 그 기억들이 늘 마음 한구석에서 따뜻하고 좋은 시간으로 추억할 수 있는 건 일하느라 바쁘고 힘든 하루 중에도 어머니는 나를 위해 몇 글자 적어서 꼭 편지를 주곤 했기 때문이다. 그 중 대학교 1학년 부산으로 유학갔을 때 어머니가 보내온 편지 한 통을 여기 옮겨본다.

사랑하는 큰딸 은혜야!

지금은 토요일 오후. 네가 보고 싶어 전화했더니 받지를 않는구나. 밖에는 온갖 봄꽃들이 흐드러지게 피어 있는데 그 꽃들이 아무리 예쁘다 한들 우리 딸만큼 예쁘진 못하겠지? 그저께는 불현듯 네가 너무나도 보고 싶어서 엉엉 울고 싶은데 꾹꾹 참았단다. 넌 내 마음을 알고 있는지?

은혜야. 지금은 조금 힘들지만 네가 너무나도 잘 견뎌주고 씩씩하게 살아주는 것만으로도 엄마는 너무나도 고맙고 행복하단다. 네가 부산에 내려가면 편지로나마 너와 많은 대화를 해야겠다 마음먹었는데 그것도 쉽지가 않구나.

그래도 우리는 지금 아름다운 추억을 만들어가면서 사는 거야.

하루하루 순간순간을 귀하고 소중하게 생각하면서 살자.

요즈음 선혜는 언니 영향이 커서 자기도 언니와 같은 길을 가고 싶다고 한다. 다 은혜 덕분이다. 그러니 이제부터는 하나님께 구체적이고도 강하게 요구하고 기도해라.

너는 무슨 일이든지 담대하게 잘 해낼 줄 믿는다. 너의 몸과 영혼은 너의 것이 아니고 하나님 것이니 조심하고 정결하게 가져라.

편지 쓰는데 너에게 전화가 왔구나. 수영할 때 물속에 들어가기 전에도 꼭 기도 잊지 말아라.

참, 어디서 들은 말인데 잠자기 전에 감사 기도, 눈떴을 때 감사 기도를 하면 종일 감사한 것이 된대. 그렇다면 일평생을 감사로 살아가는 것이 되겠지? 늘 감사하자. 소망을 갖자.

우리가 아무리 힘들고 외로워도 살아갈 수 있는 것은 소망이 크게 있기 때문이지. 과연 주님께선 우리 은혜, 선혜, 회찬이를 어떤 그릇으로 만들어서 아름답게 쓰실까. 생각하면 가슴이 벅차다. 네가 건강하고 술, 담배도 안 하고 믿음 생활도 예쁘게 하니 엄마는 정말 행복한 사람이다. 그리고 우리 동방교회가 비록 부흥이 더디지만, 이제부터는 하나님께서 함께하시는 교회로 만족하고 부끄러워 말자. 당당하고 기뻐하자.

은혜야. 너에게 미안한 것밖엔 없구나. 엄마가 잘 보살펴주지도 못하고 해준 것도 없고. 아빠 말씀처럼 부모는 한계가 반드시 있지. 그러나 하나님께서는 무한하신 분이시니 그분께 매달리고 부탁을 해라. 그러면 너의 기도만큼은 그동안 너무나 많이 들어주셨으니 계속 응답해주실 것이야. 그리고 아빠에게 너의 소망과 계획과 감사 편지를 진심을 담아 써서 보내주면 아빠가 너무나도 고마워하고 큰 힘이 막 솟아날 것 같다는 생각이 불현듯 든다.

원래 아빠는 좀 무뚝뚝하신 편이니 네가 이해하고(속으로 운다. 설교 시간에 네 이야기를 하시면서 우시더라).

딸인 네가 아빠에게 용기를 줘라.

이제 자주 편지 주고받자꾸나. 연인은 아니지만? 이다음 먼 훗날 이 편지도 큰 재산이 될 거야. 될 수 있으면 일기 좀 계속 쓰시고.

너 혼자 힘으로 헤쳐나갈 힘과 용기를 달라고 기도하기 바란다.

네가 보고 싶을 땐 네 사진을 본단다. 아무도 몰래. 은혜야. 사랑해. 엄마의 온 영혼과 목숨처럼 널 사랑한다(예수님 다음으로).

그럼 답장은 아빠한테 한 장 부탁해. 엄마한테는 힘들면 안 해도 돼.

_2002년 4월 13일 엄마가

한번은 택배로 반찬을 보내면서 짧은 편지를 동봉한 적도 있다.

사랑하는 큰딸 은혜야.
건강 조심하고 기도 꼭 잊지 말아라.
하나님이 늘 너를 지켜주신단다.
맛있게 먹고 식사 꼭 챙겨 먹거라.
받고 바로 전화해주세요.

_엄마가 미래의 대통령 정은혜에게

지금의 나를 만든 건 바로 어머니의 사랑과 무한한 믿음이다. 힘들고 포기하고 싶을 때마다 어머니의 편지를 꺼내 읽으며 나를 일으켜 세운다. 살면서 '누군가를 믿는다는 것이 정말 힘들구나' 하고 깨닫는 요즘, 어머니의 편지를 다시 읽으며 믿음에 대해 생각한다. 나도 누군가를 이렇게 조건 없이 믿어줄 수 있을까?

3분 샤워

반지하여도
괜찮아

내가 초등학교 5학년 때, 아버지는 계속 내리막길을 걷던 벽돌 가게 운영에 끝내 실패하고 사업을 접게 되었고 우리 가족은 방 두 칸짜리 반지하 셋집에서도 더 이상 지낼 수 없는 형편이 되었다. 온 가족이 길바닥에 나앉을 뻔한 그때, 마침 아버지가 사업을 하면서 알게 된 아버지의 마음씨 좋은 친구분께서 딱한 사정을 듣고는 본인이 사는 부천시 고강동의 어느 연립 지하 창고에서 살도록 허락해주었다. 나와 동생들은 마음씨 좋은 그분을 코털 아저씨라고 불렀는데, 항상 콧수염을 멋지게 기르고 있는 모습이 우리들 눈에는 외국 배우처럼 멋있어 보였다.

지금 돌이켜보면 당시 나는 정말 어리고 순진했다. 12평밖에 안 되는 지하 창고였지만, 방 세 칸짜리 집에서 연탄불 대신 '도시가스 보일러'라는 것을 틀고 따뜻하게 잘 수 있다는 게 정말 좋았다.

집이 창고로 등록되어 있어 우리 가족은 주민등록상에 등록할 거주지가 없었다. 가까스로 신월동에 사는 고모할머니 댁으로 전입신고를 했지만, 덕분에 초등학생이었던 나는 고강동에서 신월동까지 1시간 가까이 되는 거리의 학교를 걸어서 다닐 수밖에 없었다.

그 먼 거리를 걸어 다닐 때 나는 항상 여러 걱정들에 관해서 기도하였다. 가정 형편에 관한 문제, 아버지와 어머니의 건강, 그리고 준비물에 관해서 기도했다. 그 시절 나는 준비물을 제대로 챙기지 못해 학교에서 혼나는 일이 많았다. 실제 거주지의 주소와 주민등록상 주소가 달랐기에 가정통신문을 제대로 받을 수 없었던 탓이다.

한 번은 지하실 엄마 방에서 자다가 하늘 위로 난 창문을 바라보다가 어린 마음에 울면서 기도한 적도 있다.

'하나님, 세상에 집이 참 많은데, 우리는 왜 이런 집에서 살아야 하나요? 나와 내 동생들이 뛰어놀 수 있는 큰 집에서 살고 싶어요. 그렇게 되지 않더라도 곰팡이는 없는 집에서 살고 싶어요.'

불평하거나 원망하는 마음은 없었지만, 초등학생이었던 나는 항상 의문이었다. 부모님은 정직하고 바르게, 또 하루하루를 정말 열심히 사는데, 왜 우리 집은 가난한 걸까?

내가 살던 반지하 집. 당시에는 에어콘이 없었다

　한겨울에는 보일러가 있다는 행복도 잠시, 계속된 고장으로 수압을 낮추고, 이 뜨거운 물이 멈추지 않기를 바라며 간절한 마음으로 샤워해야만 했다. 3분밖에 안 되는 시간이 정말 길게 느껴질 때도 짧게 느껴질 때도 있었다. 특히 겨울에는 수십 마리의 바퀴벌레와 주방으로 들어오는 쥐들도 있었는데, 어린 마음에 많이 놀랐던 기억이 있다.

　반지하에 사는 사람들은 공감하겠지만, 일반 가정집들과는 달리 창문이 천장 가까이에 절반 정도만 달려 있다. 그래서 여름에는 햇빛이 덜 들어와서 시원하고 장마철에는 바닥에 떨어지는 빗소리가 굉장히 크게 들린다. 대신, 여름에는 벽마다 꽃무늬처럼 피어나는 곰팡이 때문에 벽지에 신문지를 붙이기도,

베이킹소다를 걸레에 묻혀 닦기도 했다. 그렇게 우리 가족은 내가 스물여덟 살이 될 때까지 18년을 그 창고에서 살았다.

불편함은 있었지만 그 집에 사는 것을 부끄럽게 여기거나 싫다고 생각하지는 않았다. 아침이면 천장 가까이 난 작은 창문으로 들려오는 사람들 발소리에 잠에서 깨곤 했다. 비 오는 밤이면 바닥을 때리는 빗소리가 그렇게도 좋았다. 한 가지 불편했던 건 항상 옷에 곰팡이 냄새가 나는 것이었다. 탈취제를 뿌려서 그 냄새를 없애려고 하면 두 냄새가 섞여서 또 이상한 냄새가 되어버렸다. 그래도 곰팡이 냄새보다는 그나마 향이 좋아서 항상 옷에 탈취제를 뿌렸던 기억이 난다. 조금 더 자란 뒤에는 탈취제 대신 없는 돈을 탈탈 털어 향수를 사서 옷에 꼭 뿌리고 다녔다.

처음으로 그 집에 사는 게 부끄럽다는 생각이 든 건 대학원에 가서였다. 짧은 만남이었지만 남자 친구를 만나고 데이트도 하면서 항상 집에 데려다주는 일이 문제였다. 정중하게 거절해도, 조금이라도 더 함께 있고자 늘 집 앞까지 바래다주려 하는 것이 연인의 마음 아니겠는가. 하지만 그 마음도 집 앞에 오면 걱정으로 변했다. 그래서 집 앞까지 오면 나는 일부러 2층이나 3층까지 걸어 올라갔다가 남자 친구가 간 뒤에야 집으로 내려오곤 했다. 그때 처음으로 속상하다는 생각이 들었다. 돈이 정말 많았으면 좋겠다고 생각했다.

그리고 또 생각나는 게 있다. 돈이 없는 우리에게는 완제품 가구를 살 여유가 없었다. 그래서 늘 조립식 가구나 플라스틱 제품을 샀다. 그마저도 새것을 사는 일은 드물었고, 대개는 남들이 버리려고 내놓은 가구들을 주워서 썼다. 국회의원이 된 지금도 길을 가다 쓸 만한 책상이나 의자가 버려져 있는 것을 보면 무의식적으로 집에 가져가야겠다는 생각부터 하곤 한다.

정말 믿기 힘들겠지만 내가 처음 가구를 산 것은 내 나이 서른 살 때였다. 내가 번 돈으로 처음 산 가구. '리바트'라는 가구 브랜드에서 만든 책장이었다. 인터넷을 보다가 특가로 파는 책장이 너무 근사해 보여 가격을 확인하니 7만 원이었다. 난 그 근사해 보이는 책장을 나만의 첫 가구로 구입했다. 그동안 써온 조립식 가구나 주워다 쓴 가구에 비하면 너무 좋았다. 튼튼하고 예쁜 책장을 사고 밤새 책을 이리 꽂고 저리 꽂으며 행복해했던 기억이 난다.

배워서 남 주고, 돈 벌어서 남 줘라

우리 집 가훈과
아버지의 가르침

내가 신원중학교에 입학한 뒤 아버지는 방황을 끝내고 신학대학교에 진학했다. 아버지는 사업 실패 이후 자신보다 더 어려운 형편의 사람들을 생각하게 되었는데, 그 근거가 되는 성경말씀이 있었다. 그 말씀을 보는 순간 자신에게 전하는 하나님의 음성이라고 생각했다고 했다.

> 선행을 배우며 공의를 구하며 학대받는 자를 도와주며 고아를 위하여 신원하며 과부를 위하여 변호하라. (이사야 1:17)

아버지가 목사가 되겠다고 결심한 것은 사회적으로 소외되는 고아, 미혼모, 독거노인들을 돕고 싶다는 꿈을 꾸었기 때문이다.

  '우리도 어려운데 왜 다른 어려운 사람들을 도와야 하는가?'
라는 질문을 수도 없이 했지만, 아버지는 더는 내려갈 수 없는
바닥이라고 느끼는 순간, 자신보다 더 어려운 사람들이 생각났
다고 했다. 아버지가 큰 깨달음을 얻은 후로 우리 집 가훈은 이
렇게 바뀌었다.

  '배워서 남 주고, 돈 벌어서 남 줘라.'

  그리고 아버지는 그 가훈을 평생 삶으로 실천하며 살았다.

  신학교를 졸업하고 목사가 된 아버지는 우리가 살던 집에서
10분 정도 떨어진 교회 뒤 빌라의 2층을 우여곡절 끝에 구하게
되었고, 미혼모들이 교회가 더 가까운 곳에서 살아야 한다며

그곳에 미혼모의 집을 마련했다. 거기서 미혼모 사역을 하며 많은 사람을 도왔다.

'사랑의 집'이라고 이름 지은 미혼모의 집은 임신 사실을 알게 되면 바로 입소할 수 있었다. 정부에서 운영하는 기관은 입소와 퇴소의 기준이 있어 머무를 수 있는 기간이 정해져 있었지만, 아버지가 운영하는 미혼모의 집은 입소와 퇴소의 기준이 따로 없었다. 본인이 원하는 만큼 머물 수 있었다. 아버지는 이 가정들이 '자립'할 수 있도록 최선의 노력을 하셨다.

근거 있는 자존감

나를 좋아해줘서
고마워

중고등학교 시절 일기가 없다. 당시에는 교환일기가 유행이어서 그때 쓴 일기는 다 친구들이 갖고 있고, 지금 내게는 친구들의 일기만 잔뜩 남아 있다.

중고등학교 시절은 정말 즐겁게 보냈다. 항상 친구들과 원만한 사이를 유지했고, 반에서도 반장과 부반장을 번갈아 맡아 주도적인 역할을 했다. 집은 가난했지만 건강한 자존감을 유지할 수 있었던 건 학창 시절을 즐겁게 보냈기 때문이다. 빼어난 외모는 아니었지만, 중고등학교 시절의 사진을 보면 나름 호감 있는 외모로 항상 이성 친구들에게 인기가 많았다(라고 믿었고, 지금도 그렇게 믿고 있고, 앞으로도 그렇게 믿을 거다).

지금 돌이켜보니 정의감이 투철해서 부당한 일을 보면 친구들 대신 나서서 싸우기도 많이 싸웠다. 정의로운 모습이 왠지 멋있어 보이기도 해서 그렇게 행동했는지도 모른다. 한번은 선생님이 리코더를 가지고 오지 않은 친구를 많이 때리고 혼내셨다. 그 친구의 집은 가난했고 옷차림도 늘 허름했다. 왠지 그 때문에 차별하는 것 같아 손을 번쩍 들고 선생님께 항의했다. 물론 친구가 맞을 매를 내가 대신 맞아서 무척 아팠던 기억이 난다.

아무튼, 나는 그렇게 행복한 학창 시절을 보냈다. 밸런타인데이에는 초콜릿을 받기도 했고, 수련회에 가면 이성 친구들이 사이다나 환타 같은 캔음료를 가져다주기도 했다. 물론 여자 친구들이 더 많았지만. 그러다 보니 견제도 받고 음해도 받아, 나에 대해 좋지 않은 소문을 퍼뜨리는 친구와 갈등을 겪기도 했다.

누추한 곳이지만 집으로 친구들을 초대하기도 했다. 중간고사나 기말고사가 끝나면 비디오테이프를 네다섯 개쯤 빌리고, 과자와 떡볶이를 만들어 먹었다. 부모님이 바빠서 집에 계시지는 않았지만, 할머니가 계셨고, 친구들이 많았다. 이렇게 내가 자존감을 지키며 학창 시절을 보낼 수 있었던 건 아마도 초긍정적인 내 사고방식 때문일 것이다.

그래도 입학하는데 교복은 좀 사주시죠?

작은 정책의
소중함

중학교 시절 어려운 형편에 학원은 생각도 할 수 없었다. 중학교 들어가서 공부를 해야 한다는 것은 알았지만 어떻게, 어떤 방식으로 해야 하는지는 알지 못했다. 국어, 영어, 사회, 지리 같은 암기 과목은 한두 번 보면 금방 외워서 시험을 잘 볼 수 있었지만, 문제는 수학이었다. 기초도 모르는 상태로 중학교 1학년 첫 수학 시험에서 49점을 받았다. 수학은 단순히 그 시험 범위만 외워서 풀 수 있는 과목이 아니었다. 초등학교 때부터 차근차근 공부하며 기초를 다졌어야 했는데, 그러지 못했다. 학교 선생님은 수학을 못하는 나를 혼내기만 했고, 자연히 수학에 흥미를 잃었다. 과학 과목이 세분화된 고등학교에서는 화학과 생물 등에서 낮은 점수를 받았다. 수학과 과학 점수가 낮다 보니 다른 과목을 잘 봐도 평균 점수가 낮았고, 등수도 중위권

이상으로 올라가지 못했다.

한 가지 떠오르는 기억이 있다. 지금은 수영을 잘하게 되었지만, 처음에는 수영을 배울 돈이 없었다. 그런데 너무 배우고 싶어서 친구들을 몽땅 데려가는 조건으로 수영을 공짜로 배우게 해달라고 수영장에 제안했다. 어찌 보면 당돌한 행동인데, 지금은 왜 그랬는지 잘 기억도 나지 않지만 정말 거칠 것 없었던 학창 시절이었다.

광영여자고등학교 입학을 앞두고 교복을 살 돈이 없어서 졸업한 3학년 선배들이 교무실에 남기고 간 옷들을 어머니와 함께 가져오기로 했다. 고등학교에 입학하기 전 교무실에 들렀다고 하니 선생님들이 관심을 가지고 어머니와 나를 쳐다보았다. 그 많은 선생님들의 호기심 어린 시선이 창피하긴 했지만, 선배들이 남겨놓은 교복을 얻으러 왔다고 당당히 말했다. 그러자 그중 한 선생님이 웃으며 어머니께 말했다.

"새로 입학하는 건데 교복은 좀 사주시죠?"

눈물이 나려고 했다. 어머니는 얼마나 더 속상했을까. 그런 어머니를 생각해서 터져 나오려는 울음을 꾹 참고 더 활짝 웃으며 말했다.

"여기 멀쩡한 교복이 많은데요. 새로 사느니 여러 개 가져가서 잘 입으면 되죠."

나는 얼굴도 모르는 선배 언니들이 3년 동안 입었던, 반질반

질한 치마 세 개와 조끼 두 개를 집으로 가져와 직접 수선했다. 나는 괜찮았지만, 아마 어머니는 많이 속상하셨을 것이다.

고등학교에 들어가고 얼마 후 당시 김대중 정부에서 반에서 한 명씩 가정 형편이 어려운 학생들을 뽑아 등록금을 지원해준다는 공고를 보게 되었다. 가정 형편이 어려운 것을 증명하면 석 달에 한 번씩 20만 원 정도 내야 하는 돈을 면제받을 수 있었다. 나는 당장 교무실로 달려가 선생님께 말씀드렸다.

"선생님, 저 집안 형편이 어려워서 가정 형편 곤란자 지원금 신청하러 왔어요."

선생님은 나를 보더니 살짝 웃으며 말씀하셨다.

"야, 정은혜! 네가 뭐가 가난하다고 그래?"

나는 너무 서러워서 그 자리에 선 채로 펑펑 울었다. 주변에 선생님들도 많이 계셨는데 너무 부끄러웠다. 나중에 선생님은 내가 반장인 데다 친구들과 사이도 좋고 늘 밝게 웃어서 잘사는 집 아이인 줄 알았다며 사과하셨다. 나는 '우리 부모님은 가진 것이 별로 없다'는 것을 증명해줄 서류를 발급받아 제출했고, 고등학교 시절 등록금은 물론, 때때로 급식비까지도 면제받을 수 있었다. 그 일을 통해 정부의 작은 정책이 한 사람, 아니 한 가정을 살릴 수 있다는 생각을 처음으로 하게 되었다.

20대 국회의원이 되고 본회의에서 내가 가장 처음으로 투표해 통과시킨 법안이 바로 '고교무상교육법'이다. 2022년까지

고등학생들은 전면 무상교육을 받을 수 있다. 내가 국가보조금을 받고 20여 년이 지났다. 이제 더 이상 학생들이 가난을 증명하지 않아도 된다는 생각에 법안을 통과시킨 내 손가락이 자랑스럽게 느껴졌다.

외로운 대학 입시

내가 선택한
학교

고등학교 3학년이 되면서 친구들은 본격적으로 대학 입시 준비에 뛰어들었다. 하지만 나는 어떻게 준비해야 할지도 잘 몰랐고, 도움을 받을 수 있는 곳도 딱히 없었다. 부모님은 나를 포함한 세 자녀를 돌보는 것보다 교회를 통해 독거노인분들을 찾아가 식사를 대접하거나, 가정 폭력이나 외도 등으로 무너진 가족의 상처를 치료하는 일에 더 많은 시간을 쏟았다. 결국 스스로 준비할 수밖에 없었다. 그러나 뒤처진 수업을 따라가지 못해 야간 자율학습 시간에 신문을 읽거나 좋아하는 김대중 대통령의 책『옥중서신』을 읽기도 했다. 김대중 대통령을 한 번도 만나본 적은 없지만, 나는 책을 읽으면서 그분의 철학과 신앙에 깊은 감명을 받았다. '무엇이 되느냐보다 어떻게 사느냐가 중요하다,' '내가 기록되고 싶은 역사의 페이지는 이 세상에서 무엇을 얼마만큼 이룬 사람의 페이지가 아닌, 인생을 어떻게 올바르게 살려고 노력했느냐 하는 사람의 페이지입니다,' '용기란 두렵지 않은 상태가 아니라 두려워도 해야할 일을 하겠다고 나서는 사람이 진짜 용기 있는 사람이다'와 같은 말씀들을 가슴에 새겼다. 특히 김대중 대통령은 남을 미워하지 못하고, 용서가 승리라고 말하시는 것을 들으며 나 또한 그 분을 닮고 싶다는 생각을 많이 했다. 혼자 감상에 젖어 책을 읽어 내려가다 보면, 가끔 선생님에게 들켜서 "야, 너 이런 거 읽으면 대학 못 가!"라는 말을 듣기도 했다. 심지어 적성검사를 하면 99.9퍼센트 정치인으로 결과가 나왔고, 나는 또 선생님께 불려가 쓸데없는 생각을 한다고 혼이 났다. 대학에 가야 한다고 생각하긴 했지만, 나는 고등학교라는 곳에서 오로지 대학 입시를 위해 획일적, 강압적으로 이루어지는 주입식 교육에 대해 약간의 반항심을 품고 있었던 것 같다. 그럴수록 책을 더 많이 읽고, 사회문제에 대해 고민하는 시간을 가졌다.

대학을 준비할 때, 나는 '학교'보다 '전공'을 더 고려했다. 다른 친구들은 자신의 점수에 맞춰 학교와 전공을 선택했다. 나는 고등학교 때 정부에서 받았던 작은 지원으로 무사히 고등학교를 졸업할 수 있었다. 만약 정부의 도움이 없었다면 중간에 고등학교를 자퇴하거나 직업 고등학교로 옮겨 바로 취업을 준비했을 것이다. 하지만 그러한 혜택을 받았던 나는 '정책을 통해 사람들에게 희망을 주고 싶다'는 생각을 품게 되었고, 그러기 위해 정치학이나 그와 비슷한 국제관계학을 공부하기로 마음먹었다. 정치학과나 국제관계학과가 개설되어 있는 대학들의 목록을 적어놓고, 내가 갈 수 있는 곳을 찾아보았다.

아버지는 집에서 통학하지 말고 아무 연고도 없는 지역의 대학에 진학해 혼자 살아남으라고 말했다. 나를 강하게 키우고 싶은 아버지의 바람이었다.

나는 여러 대학 중 부산에 있는 신라대학교에 리더십 전형으로 수시 면접을 보고 합격했다. 면접을 볼 때 서울에서 부산으로 유학 오겠다고 당당히 말하는 나를 교수님들은 흥미롭게 생각했다. 나중에 국회의원이 되고 당시 면접을 보셨던 강경태 교수님은 내가 면접을 볼 때 "저는 대한민국의 여성 대통령이 될 거에요!"라는 말을 듣고 기억에 남는 학생이었다고 했다.

신라대가 있는 부산은 친척도, 아는 사람도 없고, 면접 볼 때 난생처음 가본 낯선 곳이었다. 면접을 볼 때도 갑자기 면접 날짜가 결정되어 기차표 좌석을 예매할 수 없었다. 할 수 없이 무궁화호 입석표를 구해 엄마와 함께 5시간을 선 채로 내려갔다. 새벽에 도착해 여관에서도 잘 수가 없어 학교 근처 교회에 들어가 새벽예배를 드리고 오전 면접 시간에 맞춰 학교로 향했다. 그리고 면접을 보러 온 학생들을 담당하던 조교 언니를 동경의 눈으로 바라보며 "조교는 이 학교 학생이니까 조교를 하고 있겠지? 부럽다."라고 말했던 기억이 난다.

수시 전형으로 신라대학교에 합격했기 때문에 수학능력시험이 끝난 11월 말부터 시간적 여유가 있었다. 당시 방송국에서 메이크업 일을 하는 분을 통해 방송국 단역 아르바이트를 했다. 드라마 《여인천하》에서는 주인공이자 당대의 톱스타였던 강수연의 뒤를 따라다니던 무수리 역할을 했다. 추운 겨울에 고무신과 한복만 입고 경복궁과 용인 민속촌 야외 스튜디오에서 촬영했다.

보조 출연자, 일명 '엑스트라'들은 대기 시간이 참 길다. 오전 4시쯤 나와서 의상을 갈아입고 댕기머리를 했다. 그때는 스마트폰이 없어 밤 12시까지 대기하는 긴 시간 동안 주로 소설책을 읽었다. 사극이다 보니 주로 어른들이 엑스트라를 했는데 함께 고구마도 나눠 먹고 이쁨도 많이 받았다.

시트콤 《논스톱》에서는 양동근, 장나라, 조인성, 박경림 등 인기 배우들 뒤에서 카페에 앉아 있거나 뒤를 지나가는 역할을 맡았다. 현대를 배경으로 하기 때문에 《여인천하》보다는 실내 스튜디오 촬영이 많았고, 옷도 평상복을 입고 촬영해서 편했다. 친구 2~3명과 함께 촬영했는데 방송국도 구경하고 연예인을 보는 것도 신기했다. 내 인생의 첫 번째 경제활동이었다.

365일, 하루 7시간

내가 끌어낼 수 있는
최대의
집중력

2002년 3월, 신라대학교 입학을 위해 부산으로 내려간 나는 월세 6만 원을 내고 감전동의 판자촌에 방을 얻었다. 1998년 부산여자대학교에서 신라대학교로 학교명을 바꾸고 부지를 이전한 후로 학교에는 아직 기숙사가 없었다. 학교 앞에 원룸촌이 있었지만, 보증금 1500만 원에 월세 30만 원이라는 돈을 감당할 수가 없었다. 내가 살았던 집은 2평 정도 되는 작은 공간이었고, 연탄을 때어 난방을 했다. 겨울이면 목장갑을 끼고 수레로 연탄을 수십 장씩 날랐고, 그렇게 쌓인 연탄을 보면서 든든하다고 생각했던 기억이 있다. 당연히 집에 보일러는 없었고, 샤워할 때는 연탄불에 물을 데워서 사용했다. 하루는 아버지에게 전화해서 중고 온수기나 보일러를 설치해 달라고 부탁했다. 당시 10만 원 정도면 살 수 있는 금액이었지만 아버지는 나중에 정치한다면서 어떻게 어려운 사람의 마음을 알 수 있겠냐고, 조금만 더 고생하고 참으라고 했다. 화장실은 재래식인데다 주인집과 함께 써야 하는 불편함까지 있어서 보통은 학교 화장실을 이용했다. 냉장고와 세탁기도 없었다. 냉장고가 없으니 음식은 하루 이상 보관할 수 없어 그날그날 만들거나, 저녁까지 학교에 남아서 1500원짜리 학식을 먹고 집으로 돌아왔다. 겨울에는 음식을 밖에 놓아두어도 상하지 않았기 때문에 다른 계절보단 좋았다. 하지만, 세탁기가 없으니 차가운 물에 맨손으로 빨래했다. 그러다 서러움이 북받치면 아버지한테 전화해서 울며 따졌다.

"진짜 내 친아빠 맞아? 왜 아무도 없는 먼 곳으로 가라고 했어?"

너무 외로웠다. 가족과 떨어져 아는 이 하나 없는 곳에서 학교를 다니고, 혼자 생활하는 것이 마치 하루하루를 버티며 생존해야만 하는 전쟁과도 같았다. 여름방학이 시작되자마자 사상터미널 앞 카페에 일자리를 얻어 하루도 쉬는 날 없이 매일 7시간을 일했다. 시급은 1890원. 당시 최저임금이 2100원이었는데, 거기에도 미치지 않는 적은 돈이었다. 오전에는 학교에 가고, 오후에는 저녁 4시에서 5시 사이부터 자정까지 파르페, 팥빙수, 커피와 생과일 주스를 만들었다.

어느 날은 메뉴가 새로 추가되어 만드는 법을 미처 익히지 못했는데, 같이 일하는 언니가 화장실에 간 사이 주문을 받게 되었다. 당근 주스를 주문한 손님이 내가 만든 주스가 맛없다 며 "이따위 주스를 만들어 파냐? 네가 이 자리에서 한번 먹어 봐!"라고 험한 말을 퍼붓기도 했다. 내가 먹어봐도 손님이 충분 히 화를 낼 만큼 맛이 없었지만, 같은 말이라도 좀 부드럽게 해 주면 안 되는 건지, 너무 속상했다. 처음 해보는 일이라 서툴기 도 했고 사회생활 경험이 없는 나에게 세상은 참 무서운 곳이 었다. 나는 그때 최저임금이 무엇인지도 몰랐다. 그저 사장님 이 준다는 금액의 돈을 받았고 나에게는 그 돈도 큰 금액이었 기에 감사한 마음으로 받았다.

아르바이트가 끝나고 집에 돌아오면 지친 나머지 씻지도 않 고 잤다. 한창 캠퍼스의 낭만을 즐겨야 할 대학교 1학년 시절은 아르바이트와 학업을 병행하느라 몸도 마음도 많이 지쳤던 시 기였다. 나는 02학번이다. 2002년 월드컵이 열리는 해에 입학 해서 '월드컵 학번'이라고도 불렸는데, 한국이 월드컵 4강 신화 를 이루던 역사적인 2002년 한일 월드컵 거리에도 응원 한번 나가보지를 못했다.

2학년 때는 학교 근처 고시원에서 매달 18만 원을 내고 지내 게 되었다. 입학할 때는 2학년이 되면 기숙사가 완공되어 지낼 수 있다고 했는데 공사를 하던 중 큰 돌이 나와서 1년 연기되었 다는 소식을 듣고 하늘이 무너지는 것 같았다. 그래도 한결 여 유가 생겼다. 방에 딸린 가구라고는 작은 침대 하나와 책상이

지금은 폐허가 된 집. 한때 이 곳에서 월세 6만 원을 내고 살았다

전부였지만, 따뜻한 물이 나왔고, 고시원에서 제공되는 밥과 김치, 라면은 나에게 행복이었다.

2학년 때부터는 학원에서 학생들에게 국어, 국사, 세계사를 가르쳤다. 최저임금보다는 많이 받게 되었고, 일주일에 3일만 출근해도 되니 상대적으로 시간 여유가 있었다.

학원 아르바이트를 마치고 퇴근길에 편의점에 들러 삼각김밥 하나를 사고, 동네 포장마차에서 어묵 1000원어치를 포장해서 돌아왔다. 그러면 소박하나마 따뜻한 국과 밥을 먹을 수 있었다. 고시원 작은 내 방에서 TV를 켜고 따뜻한 어묵 국물과 삼각김밥을 먹으며 얼마나 행복했는지 모른다.

학원 아르바이트 시간은 적었지만, 나의 중간고사, 기말고사 기간은 내가 가르치는 중고등학생의 시험 기간이기도 했다. 학생들을 위해 보충수업을 해야 했다. 내 공부를 할 시간이 없었다. 그래서 생각해낸 방법은 첫째로 수업 시간에 교수님 말씀은 다 외우기, 둘째로 시험 기간 2주 전에 모든 공부를 끝내기였다.

수업 시간에 교수님이 하시는 모든 내용을 외우자는 목표를 세웠으니, 순간 집중력을 최대로 끌어올려야 했다. 교수님의 농담까지 메모하며 당시 어떤 내용을 배웠는지를 연관시켰다. 시험 기간 2주 전에 공부를 끝내기 위해서는 시험 당일 3, 4주 전에 범위를 알아야 한다. 시험 범위가 정확하게 나올 시기가 아니었지만, 교수님들께 구체적인 시험 범위를 묻기 위해 개인적으로 찾아갔다. 교수님들도 처음에는 당황하셨지만 내 사정을 들으시고 친절히 알려주셨다. 그렇게 시간을 효율적으로 사용하다 보니 2학년 때부터 졸업할 때까지 매 학기 성적 장학금을 받을 수 있었다.

학원에서 일할 때 월급이 3개월 이상 밀린 적이 있었다. 나는 원장 선생님이 항상 나에게 미안해하시길래, '돈이 생기면 주세요.' 하고 내 생활비를 아껴 가며 살았다. 하지만 알고 보니 나를 제외한 선생님들은 조금씩 늦더라도 월급을 다 받고 있었다. 내가 계속 괜찮다고 말하니까 나를 가장 뒷 순서로 생각하고 항의하는 선생님들만 먼저 줬던 거다. 그 사실을 알게 된 나는 원장 선생님께 고용노동부에 신고할 테니 빨리 월급을 달라고 했다. 그랬더니 항상 착하게 말하던 내가 이럴 줄 몰랐다며 실망했다고 했다. 하지만 물러설 수 없었다. 지속적으로 얘기해서 한 달 뒤 월급을 전부 받을 수 있었다.

나 자신에 대한 투자

꿈조차
가난할 수는
없잖아요

3학년 때는 드디어 완공된 학교 기숙사에 입소할 수 있었다. 2인실과 4인실이 있었는데, 성적순으로 낙동강이 보이는 위치에 개인 화장실까지 갖춰진 2인실에 들어갔다. 캠퍼스 안에 있는 기숙사에 거주하다 보니 시간을 많이 아낄 수 있었다.

당시 중국 유학생들이 교환학생으로 오기 시작했는데, 그 학생들에게 한국어를 가르치는 아르바이트를 했다. 그 외에 많은 시간을 도서관에서 보냈는데, 특히 국제관계, 정치, 역사, 종교, 그리고 선진국들의 리더십이나 정책에 대해서 공부했다.

3학년 때는 '총동창회 장학금' 대상자로 선발되었다. 이 장학금은 졸업한 선배들이 가정형편이 어렵지만 열심히 공부하는 학생들을 대상으로 전교에서 열 명을 선발해 주는 것이었다.

당시 면접 때가 잊히지 않는다. 최종 합격자의 두 배수의 학생을 선발해 두 명씩 면접을 보았다. 면접관은 나에게 물었다.

"이 돈을 받으면 어디에 사용할 생각인가요?"

나는 조금의 망설임도 없이 대답했다.

"어학연수를 가거나 유럽 배낭여행을 갈 생각입니다."

면접관은 당황한 표정으로 나를 빤히 쳐다보다가 말했다.

"옆에 앉은 학생은 이 장학금을 받으면 형편이 어려운 어머니께 드리거나 등록금에 보탠다고 하는데 정은혜 학생은 여행을 간다고요?"

그때 나는 이렇게 답했다.

"저희 부모님은 반지하에 살고 계십니다. 저는 1학년 때부터 계속 아르바이트를 해왔습니다. 지금 받을 장학금을 저의 등록금에 보태거나 부모님께 드린다면 저는 지금과 같은 삶을 계속 살 것입니다. 저는 그 돈을 저 자신에게 투자하고 싶습니다. 등록금은 공부를 열심히 해서 장학금을 받으면 될 것이고, 아르바이트를 더 해서 생활비를 마련할 수 있습니다. 하지만 지금 받게 되는 이 돈은 제가 좀 더 넓은 세상을 보는 일에 사용하고 싶습니다."

그 말에 모든 면접관이 고개를 끄덕였고, 나는 총동창회 장학금을 받을 수 있었다. 그리고 그 해 여름, 나는 아르바이트를 한 돈과 장학금을 모아 53일간 혼자 유럽여행을 떠났다.

모든 것을 내가 계획한 여행이었다. 영국을 시작으로 시계방

유럽여행 후 신라대 학보에 나온 기사

향으로 네덜란드, 독일, 오스트리아, 이탈리아, 스페인, 스위스, 프랑스를 여행했다.

당시에는 스마트폰이 없어서 지도를 보면서 다녔고, 숙소비를 아끼기 위해 돌아가더라도 야간열차를 탔다. 영어도 잘 못하고 경비도 넉넉하지 않은 여행이었다. 외롭기도 했고 무섭기도 했지만 돌아갈 집이 있다는 사실에 감사하며 선진국의 문화, 정치, 정책 등 많은 것을 배우고 돌아오는 시간이었다. 그후 성적이 4.0이 넘으면 24학점까지 들을 수 있었기 때문에 나는 한 학기에 여덟 과목을 들었고 2006년 졸업할 때는 수석으로 졸업할 수 있었다.

아래의 글은 유럽여행을 마친 뒤 신라대 학보에 실은 여행기이다. 지금 읽으니 숨고 싶을 정도로 부끄럽다…….

남들의 곱지 않은 시선 속에 조심스럽게 하지만 당당함으로 출발한 여행!

여자 혼자 떠난다는 마음에 적지 않은 외로움과 두려움 속에서 새로운 나의 자아를 발견하게 된 이 여행은 단순히 1년간의 아르바이트를 한 보상도 아니었고 얼마간의 준비기간의 대한 결실 정도로 비춰질 수 없는 내 인생의 특별한 투자였으며 그 시간은 확실한 성과로 다가왔다.

45일의 유럽여행을 떠난다는 것, 아무런 계획 없이 가방과 책자 하나를 들고 혼자 가는 첫 여행을 준비하는 내게 친구가 물었다.

"너 융프라요흐는 갈 거지?"

"어? 그게 뭔데?"

친구의 독설과 비아냥을 곱씹으며 공부를 한다고 한 것이 수박 겉핥기의 지식이었고 막상 런던에 도착한 나는 남들보다 훨씬 무거운 배낭과 시시때때로 눈물이 날 정도로 적응할 수 없게 만드는 런던의 변덕스런 날씨 그리고 부족한 언어로 조금씩 불안한 고립감을 느낄 수밖에 없었으며 두꺼운 외투를 입고 다니는 외국사람들의 옷차림에 반팔 하나 입고 템즈강에서 런던아이를 바라보며 찬 샌드위치를 베어 물며 울고 또 울고 울었다. 외로웠고 추웠고 이 순간 내 주변을 항상 따뜻하게 같이 했었던 사람들이 그리워서 울고 또 울었다. 그렇게 즐겁지 않은 런던에서 눈물과 지독한 외로움으로 여행은 시작된 것이다.

그러나 나의 외로움은 대륙을 넘어가면서 여행 본래의 취지에 맞게끔 변해가고 있었다. 하루에 10시간 이상을 돌아다니면서도 잠도 제대로 못자면서도 물 한 병에 약 2000원, 화장실 약 700원 등 정말 살인적인 물가에 제대로 된 음식을 먹기란 결코 쉬운 결정이 아니었다.

내가 대륙을 여행하면서 느낀 이탈리아는 상상했던 것과는 다르게 의외의 감동을 주었다. 물론 낭만과 패션의 도시 파리의 야경과 정열의 도시 바르셀로나 등 많은 도시들이 날 강하게 유혹했지만 가장 인상 깊었던 곳은 이탈리아로 기억된다. 과거 화려했던 로마제국의 역사적 유물들과 우리와 왠지 모르게 비슷하지만 너무도 다른 이태리 사람들…

오드리 헵번이 영화 '로마의 휴일'에서 먹었던 젤라또를 하루에도 몇 개씩 웃음을 머금고 입에 물고, 한국에서 먹던 맛과는 전혀 다른 담백한 맛의 이태리 피자와 파스타 등 음식을 비롯해서 비잔틴 문화의 산실 베네치아, 영화 '냉정과 열정 사이'의 배경이 된 피렌체 등은 정말 나의 마음을 사로잡기에 충분했다.

또한 야릇한 느낌에 알프스산맥을 올라가 눈물을 흘렸던 융프라요흐, 스페인에서 투우 관람, 요즘 많이 유명해진 프라하의 돈조반니 공연, 런던에서 뮤지컬 관람, 헝가리 온천, 네덜란드의 홍등가, 주말마다 열리는 유럽 내의 벼룩시장 등등 기쁨 속에 열거되는 각 곳들이 참 행복하다. 언어적인 문제로 외국사람들과 싸우기도 하고, 헝가리에서 (내가 산 티켓이 왕복인 줄 알고 탐) 무임승차하다 걸려서 벌금 내고 정말 실수의 연속들이었지만 그로 인해 만나게 된 많은 사람들과 시간 속에서 느낀 것은 이루 헤아릴 수 없기에 이번 여행은 더욱 값지고 유익하게 느껴진다. 비록 쉽지 않은 비용을 마련해야 하고 준비를 철저히 해야 하지만 대학시절 젊음으로서 느낄 수 있는 하나의 특권이자 경험이 아닐까?

야간열차에서 10시간 이상을 타고, 노숙하고, 굶고, 울고 또 즐길 땐 멋지게 즐기는 것, 어디 그런 기회가 평생을 두고 많겠냐는 되물음과 함께 난 그 시간에 최선을 다했고 많은 것을 새롭게 배우고 느꼈다고 생각한다.

여행을 마치며 순간 난 또 다음 여행을 준비하고 기획하게 되었다.

"미래의 표본이 되고 삶과 인생의 중요한 기점이 되는 이 자신만의 발전적 회사(여행)투자에 전세계 모든 이들이 오늘도 끊임없이 투자하고 있다"라고 한 지인은 내게 이렇게 말했다.

지금의 내게 100% 와닿는 이 두 줄의 글이 평생을 같이 할 영원한 추억의 안식처에 함께 자리할 것을 난 믿는다. 내가 걱정하고 두려워해야 할 것은 걱정과 두려움 그 자체일 뿐이다.

도전할 수 있다는 용기! 그것이 지금 나에게, 우리에게 그리고 모두에게 필요한 것이 아닐까?

당시의 여행 코스는 이렇다: 일본(도쿄)-영국(런던)-네덜란드(암스테르담)-독일(뮌헨)-체코(프라하)-헝가리(부다페스트)-오스트리아(빈)-이탈리아(밀라노-베네치아-로마-피렌체)-스위스-스페인(바르셀로나)-프랑스(파리)

부산광역시의회 연설

대통령이
되고 싶은
인턴

다음은 대학생 당시에 학교를 다니며 인턴을 했던 부산광역시의회에서 인턴을 마치고 발표한 연설문이다. 그 당시 어린 나이에 당돌하고 자신감에 차 있었던 나의 어린 모습을 볼 수 있는 것 같아서 옮겨본다.

2004. 11. 부산광역시의회 인턴 후 소감발표

안녕하십니까!

먼저 이렇게 존경하는 의장님과 선배의원님들 그리고 자리해 계시는 모든 분들 앞에 선 것에 대해 많은 자부심과 행복함을 느낍니다.

저는 여성부에서 주최하는 21세기 차세대 여성리더 양성을 위한 지방의회 인턴실습에 참여하게 된 신라대학교 국제관계학과 3학년 준비된 대통령 정.은.혜. 입니다. 제겐 뜻깊고 상당히 매력적인 이런 유익한 프로그램에 참여하게 되면서 의회와 그 밖의 행정업무에 관한 직접적인 실무경험을 열망하여 인턴실습에 지원하였습니다.

특히 지방의회는 중앙에 모든 것이 집중되어 있는 우리나라에서 풀뿌리 민주주의를 위한 각 지방의 특성화 정책과 타 지방간 차별화 민주주의의 정착을 위해 가장 중요한 기관이라고 생각하고 있습니다. 이 유익한 인턴실습을 통하여 좀 더 전문적이고 정치적 메카니즘과 소스에 대해 발 빠르게 대응할 수 있는 여성들의 진출이 필요한 시점이라고 생각합니다.

저는 다양한 실무와 경험으로 정치를 배우려고 노력하였고 지난 총선에서 자원봉사활동과 전국대학생모의 유엔 참여, 이번 모의시의회 참여 등으로 좀 더 실질적인 정치의 개념을 경험해왔고 또 노력해 나아가고 있습니다.

3일간의 소양교육을 통해 알지 못했던 지방의회에서 하는 일과 여성의 정치적 지위와 활동 그리고 얼마나 많은 노력이 있어야 하는지를 적지 않게 배웠습니다. 저로서는 쉽게 잊을 수 없는 신선한 충격이었고 그것을 바탕으로 지방의회뿐 아니라 대한민국 전체 정치활동에 좀더 큰 시야와 귀가 열리게 되었습니다.

저는 정치는 세상의 절반인 여성이 그 절반의 몫 혹은 그 이상의 역할을 당연히 수행해야 하며 깊은 사고와 확고한 논리의 목소리를 내야 한다고 생각합니다. 당장 눈앞에 개선되고 지향되어 갈 것에서부터 다양한 사람들의 다양한 관점에서 100년 뒤, 1000년 뒤를 바라볼 수 있는 정치발전의 주체가 당연히 여성의 의정참여로 인해 이루어져야 한다는 강한 믿음을 가지고 있습니다.

이번 강연에서 한 교수님께서는 정치란 공적인 갈등을 해결하는 것이라고 말씀하셨습니다. 미국의 16대 대통령 아브라함 링컨은 '적을 없애는 가장 좋은 방법은 적을 당신의 친구로 만드는 것이다'라고 말했습니다.

"나와 의견이 다른 사람까지 타협하고 양보할 수 있는 마음"

구도 부산의 정치가 우리 국민들의 생활 속에 있기 위해서 400만 광역시민의 부산시의회의 역할이 무엇보다도 중요하다는 것을 다시 한번 깊이 생각합니다.

마지막으로 이번 프로그램을 통하여 짧은 기간 많은 경험을 통해 보다 더 발전된 여성 정치가의 비전을 깨닫길 기대하며 5분의 여성 의원님들께 저희 차세대 여성들을 위한 적극적인 격려와 지지를 조심스럽게 하지만 강하게 부탁드리며 이만 글을 줄이도록 하겠습니다.

감사합니다.

지방대 출신은 나밖에 없었지만

대학 입학과 동시에
대학원 준비

신라대학교에 입학한 순간부터 대학원 진학을 생각했다. 정책을 통해 대한민국을 더 나은 세상으로 만들겠다는 꿈을 이루기 위해서는 지속적인 공부가 필수였다. 시간으로 치면 4년이 남아 있었지만 늘 미리 준비하는 성격이라 4학년 내내 학점 관리를 철저히 했으며, 전국 대학생 모의 유엔대회에 두 번을 참가했고, 부산광역시의원 인턴을 했다. 그리고 4학년 2학기 말에 서울에 있는 연세대학교 정치학과에 지원했다.

내가 아는 한 신라대학교에서 소위 SKY라 불리는 서울대, 연세대, 고려대 대학원에 진학한 선배는 극소수였다. 나는 연세대학교와 고려대학교 대학원에 재학 중인 신라대학교 졸업생 선배들을 수소문 끝에 알게 되었고, 그 선배들에게 도움을 청했다. 대학원 입학을 위해 어떤 시험을 봐야 하는지, 논문은 어떤 형식으로 준비해야 하는지 선배들이 귀찮아 할 정도로 이 메일을 보내고 찾아갔다.

지금은 많이 다를 수도 있지만, 내가 입학하던 2006년의 연세대학교 대학원 정치학과에는 지방대에서 진학한 학생이 없었다. 연세대 본교 출신이 가장 많았고, 그 외에는 서울에 있는 대학교를 졸업한 학생들이 대부분이었다. 나는 4년간 대학 생활을 성실하게 했다는 것, 학업 외에도 다양한 활동에 참가했던 것을 강조했고, 특히 자기소개서 작성에 공을 들였다.

1차 서류 심사에 통과했다. 날아갈 듯이 기뻤다. 차근차근 면접을 준비했다. 면접은 영어 전공 서적을 면접관들 앞에서 읽고 번역하고, 면접관들이 던지는 질문에 대답하는 방식으로 진행되었다. 주로 지원 동기나 입학 후 어떤 분야에 집중해서 학업을 해나갈지를 물었다. 당시 나는 정치경제 분야, 특히 한국과 다른 나라와의 자유무역협정(FTA)에 관심이 있었고, 이에 관해 면접관들께 어필했다.

면접 분위기는 엄숙했다. 많이 떨리기도 했고, 교수님들의 질문에 충분히 대답하지 못했다는 생각이 들었다. 부끄럽고 얼굴이 화끈거렸다. 그러나 최선을 다했으니 후회는 없었다.

나에게는 징크스가 있는데, 면접이나 시험을 잘 봤다고 생각하면 떨어지고, 못 봤다고 생각했을 때는 합격하는 경우가 많다. 며칠 뒤 연세대학교 정치외교학과에서 전화가 왔다. 대학원 측에서 공식적으로 합격 발표를 하지는 않았지만, 당장 이번 학기 합격생들에게 조교 기회를 주기 위해서 미리 연락했다는 것이다. 합격이었다.

학교에서는 내 이력서에서 신라대학교 4학년 때 학과장 조교를 한 경력을 보고 정치외교학과 사무실 조교를 해보면 어떻겠냐는 제안을 해왔다. 나는 당장 다음 날부터 출근했다. 연세대학교 학부는 정치외교학과, 대학원은 정치학과로 명칭이 다르다. 이 두 학과 학사를 담당하는 곳이 정치외교학과 사무실이다. 나는 학과 사무실의 조교가 된 것이다. 보통 대학원생들은 개강 전부터 지도 교수를 정하는데, 해당 교수님의 방에 함께 있는 '방 조교'가 있고, 나와 같이 행정 업무를 담당하는 조교가 있다. 당시 학과장은 김용호 교수님이었고 나는 행정 조교 세 명 중 한 명으로 학부와 대학원 학생들의 학적을 관리하고, 교수님들의 시간표를 짜거나 BK21이라는 연구 과제와 관련하여 정부에 제출할 서류들을 정리했다.

어찌 보면 나는 대책 없는 사람이다. 신라대학교를 다닐 때는 성적 장학금을 받았지만, 그럼에도 얼마간 학자금 대출을 받아야만 했다. 생활비는 아르바이트를 통해 해결했다. 당시 나는 대학원에 합격한다고 해도 한 학기에 500만 원 가까이 되는 등록금을 낼 형편이 아니었다. 학과 사무실 조교로 일한 덕분에 나는 학사 행정을 배우고, 연구 과제에 대해 깊이 공부할 수 있었던 것은 물론, 1년간 전액 장학금도 받을 수 있었다. 집에서 버스 하나만 타면 통학이 가능하니, 버스비만 부담하면 월세와 식비를 아낄 수 있었다. 나는 대학원 수업을 듣는 시간을 제외한 오전 9시부터 오후 6시까지 매일 출근해 업무를 처리했다. 정말 감사한 일이었다.

그렇게 1년이 지나고 대학원 2학년이 되었다. 보통 마지막 2학기는 졸업논문에 집중해야 하기 때문에 지도 교수님을 선정하고, 그 방 조교가 되거나 행정 조교 일을 그만두고 논문 작성에 전념하게 된다. 그러던 중에 문정인 교수님이 조교를 구한다는 소식을 들었다. 문정인 교수님은 국내외에서 학문적으로나 사회적으로 명성이 높은 분이었기에 '감히 내가 그런 분의 조교가 될 수 있을까?' 하는 생각이 들었다. 교수님의 조교가 된다는 것은 불가능해 보였다. 하지만 뜻밖에 교수님으로부터 "논문을 가져와보라"는 말씀을 들었고, 교수님 방에서 일하고 있던 조교를 통해 논문을 전달했다. 교수님은 내 논문을 보더니 "내 방에서 일해라" 하고 말씀하셨고, 나는 그날부터 문정인 교수님의 방 조교가 되었다.

교수님의 첫인상은 키가 크고, 덩치가 있으셔서 강함이 느껴졌다. 겉으로는 살가운 성격이 아니셨지만, 내가 힘들어하거나 기쁜 일이 있을 때는 진심으로 함께 걱정하고 기뻐해주시며 응원해주셨던 분이다. 너무나 훌륭하신 교수님과 함께 지내면서 내가 혹시 방해되는 건 아닌지, 나의 모자라고 서툰 부분으로 교수님의 수업에 누가 되는 것은 아닌지 항상 염려와 걱정이 되었다. 그래서 조교 업무를 하면서도 작은 실수 하나에도 자신을 돌아보고 채찍질했던 것 같다.

내가 특히 문정인 교수님을 가장 존경하는 이유는 학문적으로 뛰어난 분일 뿐만 아니라, 그 학문을 현실에 적용하실 수 있는 분이기 때문이다. 교수님은 국제관계 이론에 대해 수업하실 때, 어려운 내용을 쉬운 말로 풀어서 학생들이 이해할 수 있도록 가르쳐주셨다. 아마 교수님께서 그 모든 내용을 소화하셨기 때문에 가능한 것으로 생각된다. 그 외에도 실제 대한민국 정부에 외교정책과 대북정책 관련 자문을 하고 영향을 주시니, '살아 있는 학문'을 하는 분이라는 생각을 했고, 나도 그분과 같아지고 싶다는 생각을 했다.

교수님, 남자 조교, 나 이렇게 셋이 저녁 식사를 하는 경우가 종종 있었는데, 밥을 먹으면서도 무슨 얘기를 해야 할지 고민한 적이 많다. 다행히 교수님은 식사 때마다 말씀은 많이 하지 않으셨지만, 우리를 편하게 해주셨다. 가끔은 조교 오빠와 나만 식사하러 식당에 가고, 교수님은 바쁜 일정 탓에 사무실에서 홀로 샌드위치를 드시기도 했다.

나는 행정 조교로 일할 때와 다름없이, 수업을 듣는 시간을 제외하고 오전 9시에 출근해서 오후 6시까지 근무했다. 문정인 교수님께서 야간 수업을 하시는 날에는 그 수업이 끝날 때까지 근무했다. 교수님의 논문을 정리하고, 칼럼을 스크랩하고, 학부와 대학원 수업 시간에 조교 업무를 했다.

교수님께서 매번 쓰시는 칼럼, 논문, 특히 영어 논문과 칼럼을 많이 쓰셔서 그런 부분들을 잘 정리하고 파일에 넣는 일을 했다. 교수님이 나오는 신문도 꼭 사서 스크랩을 해두었다. 신문을 사서 학교로 가는 길은 얼마나 나 자신이 자랑스럽던지. '내가 이 신문에 나오는 교수님의 조교다!'라는 자부심이 있었다.

교수님의 수업 시간에는 조교로 들어갔다. 학부 수업은 '중동 정치'였는데, 거기서 조별 과제를 위한 조를 짜고, 연락하는 역할을 했다. 대학원은 특히 하와이대학, 게이오대학과 원격으로 하는 수업을 진행했는데, 온전히 영어로 발표하고 진행하는 게 어렵기도 했지만, 원격 수업이다 보니 컴퓨터 관련해서 온라인 연결이 잘되도록 기계를 만지는 일도 열심히 했다. 교수님 연구실에는 내가 다 읽어보지도 못할 만큼의 방대한 논문과 책들이 쌓여 있었다. 교수님이 연구실에 안 계신 시간에는 책을 읽고 수업 과제를 했다.

요즘 국회의원회관 내 방에서 김밥 한 줄을 사서 먹을 때면 그때 교수님이 어떤 기분이셨을까 생각해보곤 한다. 내가 연구실에 있었을 때 교수님께서 해주셨던 말들이 가끔 생각난다. 당시에 이해가 되지 않았던 교수님의 말씀을 이제는 이해가 되어 간다. 문정인 교수님에게서 얻은 귀한 지식을 선한 곳에 사용해야겠다고 다짐해본다.

미혼모 사역, 혼자 사는 어른들과 함께

나누면
배가 되는 삶

대학원을 다니면서 온·오프라인에서 갑작스러운 임신으로 고민하는, 나보다 어리거나 혹은 내 또래인 미혼모 친구들을 만날 수 있었고, 부모님은 '사랑의 집'이라는 쉼터를 만들어 그들이 출산하고 몸조리를 마칠 때까지 머물 수 있는 거처로 제공했다. 우리 가족은 여전히 교회에서 10분 떨어진 반지하 창고에 살고 있었지만, 아버지는 교회 근처 빌라 2층에 미혼모들을 위한 공간을 마련했다. 친자식보다 피 한 방울 안 섞인 타인에게 더 많은 시간과 노력, 정성을 쏟으시는 부모님을 보며 때로는 서운한 마음도 들었지만, 원망한 적은 없다. 나에 대한 부모님의 사랑을 단 한 순간도 의심하지 않았기 때문이다.

미혼모 중에는 부모님이 술집에 팔아버려 14세에 아버지도 모르는 아이를 임신하거나, 19세의 나이에 아홉 번의 낙태를 하고 열 번째 아이를 지키겠다며 찾아온 친구도 있었다. 나는 이 친구들이 지낼 곳을 찾을 때 온라인을 통해 연락하고, 출산할 때 병원에 함께 가고, 국가 지원을 받을 수 있도록 행정적인 절차를 돕는 일을 했다. 이들은 가족으로부터 충분한 보호와 사랑을 받지 못한 경우가 많았다. 미성년자인 이들은 정당하게 누려야 할 기본적인 권리조차 보장받지 못하며 자랐고, 무책임한 사람에 의해 임신을 한 채 세상에서 혼자가 되었다.

갈 곳 없는 이들에게 '사랑의 집'은 쉼터를 넘어 숨을 쉴 수 있는, 삶을 유지할 수 있는 기적의 공간이었다. 아버지는 미혼모들이 지낼 수 있도록 식사를 제공하고 필요한 물품들을 지원했다. 미혼모들은 한부모 가족으로 등록해 정부의 직접적인 도움을 받았다. 정부가 미혼모에게 지급하는 돈은 작으나마 그들이 아이를 입양 보내지 않고 스스로 키울 수 있다는 가능성을 보여주었다.

이때 나는 정부의 정책에는 단순히 금전적, 행정적인 지원을 넘어 사람을 먼저 생각하고, 생명을 존중하는 깊은 철학을 담아야 한다고 느꼈다. 한국의 전통적인 가치관 아래서 결혼하지 않은 채 임신과 출산을 했다는 이유만으로 가족으로부터 버림받았지만, 정부의 작은 보조금은 이들에게 '국가만은 우리를 지켜준다'는 생각을 하게끔 만들었다.

부모님은 미혼모를 돕는 것과 더불어 지역사회 어르신들에게 식사를 대접하고 영정 사진을 찍어드리는 일도 했다. 내가 사는 부천시 오정구 고강동에는 폐지나 고물들을 주우러 다니는 어르신이 많다. 이 분들 집으로 방문해 반찬을 가져다드리거나 집을 정리해드리는 일도 했다.

영정 사진을 찍어두면 오래 산다는 말이 있다. 어르신들은 식사 후 한복을 곱게 차려입으시고 영정 사진을 찍었다. 나는 친구들의 도움으로 그 사진들을 보정하고 영정 사진 사이즈에 맞게 인화해서 한 분 한 분께 가져다드렸다.

유학을 마치고 귀국해 집에서 아이를 키우고 있을 때 내가 그동안 뭐하고 살았는지 스스로 한심하다는 생각을 한 적이 있다. 그때 전에 쓰던 외장하드에 있는 사진들을 보게 되었다. 유학 가기 전에 어르신들에게 영정 사진을 찍어드렸던 사진들을 보면서 눈물이 왈칵 쏟아졌다. 내가 이룬 것도 없고 잘하는 것도 없다고 생각했는데 어르신들에게 좋은 기억을 남겨드린 것 같아 기뻤다.

내가 정치를 시작한 이유

미혼모 사역을 통해

더욱

간절해진 꿈

미혼모 사역을 하면서 안타까운 일들을 많이 겪었다. 나는 아이는 자신을 낳아준 부모와 함께 살아야 하고 그렇지 않더라도 최소한 자신이 태어난 국가에서 자라야 한다고 생각한다. 그러나 대한민국에서 미혼모에 대한 인식이 부정적이기 때문에 입양되는 아동의 90퍼센트 이상이 미혼모의 자녀이다. 부모님께서는 최대한 미혼모들이 자립해 본인의 아이를 키울 수 있도록 지원하고 설득하신다.

그러나 미혼모가 입양을 결정한 경우, 아이를 낳으면 입양기관에서는 엄마에게 아이의 얼굴도 보여주지 않고 바로 데려간다. 그로 인한 가장 큰 문제는 아이가 커서 친엄마를 찾을 수 없다는 것이다. 해외로 입양되었던 아이가 종종 자신의 친엄마를 찾는다는 기사를 접할 때가 있을 것이다. 지금의 제도로는 입양아들이 자신의 뿌리를 찾으려는 이들이 절대 쉽게 혈육을 찾을 수 없는 구조다.

현재 미혼모와 관련해서 「가족관계의 등록 등에 관한 법률」 제46조(신고의무자) 제2항을 보면 '혼인 외 출생자의 신고는 모가 하여야 한다'라고 정해져 있다. 만일 이를 따르지 않고 기간 내에 신고하지 않거나 신청을 하지 않는 경우에는 5만 원의 과태료를 부과하게 되어 있다. 또한, 같은 법 제61조(입양신고의 기재사항), 제63조(파양신고의 기재사항)을 보면 입양 또는 파양 시 이렇게 기록된 양자의 가족관계등록부 내용을 참조해 '친생부모의 성명·주민등록번호 및 등록기준지'를 적도록 되어 있다.

그러나 현실적으로 미혼모는 원가족에게서 버림받는 경우가 많아, 대부분 자신을 친엄마로 기록해야 하는 출생신고에 부담을 느낀다. 그러다 보니 법률의 의도와는 다르게 현실에서 미혼모들이 신고를 피한 채 아이를 유기해버리거나 베이비박스에 놓고 가는 경우가 오히려 더 많아지게 되었다.

「가족관계의 등록 등에 관한 법률」 제정 초기부터 미혼모의 출생신고 의무를 엄마에게만 지우고 있는 까닭은 미혼모에게서 태어난 아이가 향후 친엄마만이라도 찾을 수 있도록 아이의 권리를 지켜주기 위한 것이었는데, 아이의 권리를 지켜주려고 만든 법이 현실적인 문제를 예상하지 못해 오히려 친엄마조차 찾을 수 없는 비극을 만들어내고 있었던 것이다.

결국, 미혼모들은 자기 이름으로 등록을 하고 싶지 않고 기록 또한 남기고 싶지 않기 때문에 오히려 유기하는 것이 자기 이름을 등록함으로써 발생하는 불이익보다 더 낫다고 생각하는 것이다.

나는 하버드대학 케네디스쿨을 다니면서 들었던 로스쿨 수업을 통해 선진국 사례를 많이 접했는데, 캐나다의 온타리오에서는 아기를 낳으면 자기 이름으로 등록을 하고 법으로 아무도 못 보게 봉인을 하는 사례도 있었다. 이후에 자녀가 부모를 찾고자 할 경우 18세가 되기를 기다려야 하며, 부모가 자녀를 찾고자 할 경우 아이가 19세가 될 때까지 기다려야 한다. 나이가 찼을 때, 자녀나 부모가 원하는 경우 중간 기관을 통해서 상대방의 의사를 물은 후 공개할 수 있다고 한다.

이런 현실을 지켜보면서 내가 정치인이 되면 미혼모의 출생신고 부담을 덜어주고 아이가 친모를 찾을 권리도 보장하는 법을 만들어보겠다고 다짐했다. 혼인 외 출생자 신고의 경우 친엄마의 정보를 비공개로 지정할 수 있도록 개정해서, 아이의 양부모조차 확인할 수 없도록 해야만 지금의 문제를 해결할 수 있다고 생각했다. 더는 미혼모가 출생신고를 기피하거나 아이를 유기하는 비극이 없도록 막고 싶었다. 그러기 위해서는 정치인이라는 내 꿈을 꼭 이루어야 했다. 명분이 또 하나 생긴 셈이다.

사랑하는 나의 할머니, 황순례

할머니를
보내며

이렇게 지역의 소외되고 어려운 이웃을 돕는 순간에도 우리 집에는 치매에 걸린 친할머니가 계셨다. 돌아보면 할머니께 죄송한 일이 너무 많다. 1915년생인 할머니는 당시 굉장히 부유한 집안에서 나고 자랐다고 한다. 벌교에서 태어나 서울 중구 필동 단독주택에서 풍족한 생활을 하셨는데, 그래서인지 항상 깔끔하고 단정한 차림으로 다녀서 주변 사람들이 '멋쟁이 할머니'라고 부르기도 했다. 당시 우리는 아흔이 넘은 할머니를 모시고 살았는데, 할머니는 치매 초기였다. 하지만 가족 중 어느 누구도 할머니가 치매라고는 생각조차 하지 못했다. 할머니의 행동을 보면서 '성격이 까칠한 어르신' 정도로만 생각했다. 어릴 때는 그런 할머니가 미울 때도 있었다. 초등학생이었던 나는 할머니의 이해할 수 없는 행동에 상처를 받기도 했다.

제목 : 할머니

할머니가 밉다. 같이 살기 싫다. 할머니 때문에 우리 방도 없고 맨날 맞고 구박만 받는다. 신데렐라도 나보다 많이 구박을 받지는 않았을 거다. 할머니는 누가 일을 시키지도 않았는데 혼자 하고서는 구박만 한다. 나는 할머니가 싫다. 그렇지만 사람을 미워하는 것은 나쁜 짓인 것 같다.

_1994년 9월 28일

대학원에 다닐 때, 밤늦게까지 공부하고 일하고 집에 돌아오면 너무 피곤해서 지쳐 잠드는 날이 많았다. 그런데 할머니는 갑자기 방문을 벌컥 열고 들어오시면서 잠든 나를 향해 "네가 내 옷을 훔쳐 갔지?"라고 소리쳤다. 그러고는 내가 할머니 장롱 속 물건들에 손을 댔다며 소리를 질렀다. 물론 내가 한 일이 아니었다. 나는 억울한 마음에 "왜 나한테 소리 지르고 의심해요!"라고 따졌다. 할머니가 하시는 말씀이 너무나 말도 안 된다고 생각해 무시하거나 대든 적도 많았다.

돌이켜보면 할머니는 괴팍한 것도, 성격이 모난 것도 아니었다. 다만 마음과 정신이, 그리고 뇌가 조금씩 쇠퇴하는 것이었다. 나는 그 사실을 알지 못한 채 억울한 마음에 할머니께 화를 냈다. 그 때문에 지금까지도 후회가 되고 마음이 아프다. 만약 그 시절로 돌아간다면 할머니 말씀에 더 귀 기울이고, 함께 병원에도 가고, 더 사랑해드릴 것이다.

고등학교 때는 이런 일도 있었다. 그때도 정신이 온전치 못했던 할머니는 나와 종종 갈등을 빚었다. 그런 와중에도 손녀에 대한 관심이 지극했던 할머니는 어느 날 내가 할머니와 다투고 외출을 한 사이 내 방 책상에 놓여 있던 찬양 악보집을 우연히 보셨다. 그런데 하필 교회에서 사용하는 찬양 악보집 제목이 『은혜의 강가로』였다. 그걸 보신 할머니는 은혜가 물에 빠져 죽으려 한다며 은혜를 찾아야 한다고 온 집안과 동네를 떠들썩하게 만드셨다. 나중에 이 사실을 알게 되어 해프닝으로 끝났지만, 할머니는 손녀가 정말로 강에 빠져 죽기라도 하면 어쩌나 몹시 걱정하셨다고 한다. 어릴 때는 할머니가 이해되지 않아 참 밉고 싫었지만 이런 일들을 겪으면서 내 마음도 많이 열리게 되었다.

죽음을 앞둔 사람이 가장 크게 후회하는 일은 좋은 대학을 못 간 것도, 큰돈을 못 번 것도 아닌, 내 주변에 있는 사람을 좀 더 사랑하지 못한 것, 화를 참지 못한 것, 남을 더 돕지 못한 것이라는 얘기를 들은 적이 있다.

할머니는 이후 치매 요양원에서 몇 년간 지내시다가 95세였던 2008년 5월 새벽에 나의 어머니이자 사랑하는 며느리의 품에 안겨 돌아가셨다. 내가 더 사랑할걸, 좀 더 참을걸, 더 도와드릴걸. 살아 계실 때 했어야 의미가 있는 일들인데, 이미 이 세상에 존재하지 않는 할머니를 떠올리며 아쉬워한들 무슨 의미

사랑하는 나의 할머니 사진

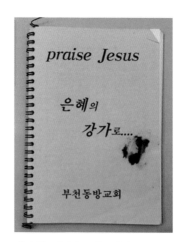

할머니는 이것을 보시고 내가 물에 빠져
죽으려고 한다고 착각하셨다니

가 있을까. 할머니가 좀 더 살아 계셔서 내가 꿈을 이루어가는 모습을 보셨다면 얼마나 좋아하셨을까. 아마 저 멀리 천국에서도 내 모습을 보며 흐뭇해하실 것이다. 가끔 할머니가 살아계실 때 했던 말이나 행동들이 생각나면 이제는 미소가 지어진다. 당시에는 괴롭고 힘들었던 할머니와의 추억이 아련하게 남아 있다. 많이 보고 싶고, 사랑하지 못한 것이 후회가 된다.

CHAPTER 2

은 혜 야,
하고 싶은
대 로 해

2004년, 열린우리당 당원이 되다

막연한 꿈이었지만
그냥
시작하다

내 정당 활동의 시작은 2004년 봄 열린우리당에 입당하면서부터이다. 당시 노무현 대통령의 탄핵소추안이 상정되고, 대통령 권한까지 정지되었을 때, 아무 것도 하지 못하고 눈물로 뉴스와 기사를 보고 있자니 답답하고 억울한 마음이 들었다. 어떠한 방식으로든 정당활동에 참여하고 싶었다. 꿈은 있었지만 막연하기만 했는데, 막상 시작하고 보니 어느새 현실이 되어 있었다. 당시 사상 터미널 앞에 있는 열린우리당 사상구 지구당을 찾아갔다. 막연하다고 생각할 때는 주저하지 말고 그냥 시작하는 것도 꿈을 향해 한 발 더 다가가는 좋은 방법이다. 당시 대학교 3학년이었던 나는 문재인 대통령의 국회의원 시절 지역구이자 신라대학교가 위치한 부산광역시 사상구에서 정윤재 17대 국회의원 후보 캠프에서 자원봉사를 했다. 내가 하

는 일은 지역 청년들과 함께 후보자의 유세 트럭 앞에서 율동
을 하거나 지역 노인정에 찾아가 김치를 담가드리고 봉사 활동
을 하는 것이었다. 선거 과정 중에 다양한 지역 청년들을 만나
어울리는 것이 즐거웠고, 세상을 바꾸는 일에 조금이나마 힘을
보탰다는 사실이 기뻤다. 당시 나와 함께했던 청년들 중에는
현재 시의원이 된 김부민 오빠도 있다.

　수업은 매 학년 한 학기에 들을 수 있는 최대 학점과 계절학
기까지 들었기 때문에 4학년 1학기에 졸업 이수 학점을 다 충
족할 수 있었고, 4학년 마지막 학기에 서울에 올라와 온라인으
로만 진행되는 수업을 수강했다. 덕분에 여의도에 있는 열린정
책연구원에서 인턴 연구원을 할 수 있었다. 대학생 아카데미에
참여하고, 여대생 아카데미를 기획하기도 했다. 6·15 민족통일
대축전에서 남측 자원봉사자로 활동했고, 2006년 지방선거 출
마 예정 후보자들을 위한 최고지도자과정 아카데미에서 조교
를 하며 정당생활을 차근차근 배워나갔다. 2005년 부천 원미
구 갑 선거구에서 열린 재보궐 선거에서는 이상수 후보 캠프에
있었다. 주로 선거 트럭 앞에서 율동을 하고 지역 주민들에게
후보자를 알리는 일을 했다. 사무실에 있을 때는 컴퓨터를 통
해 여론조사나 선거분석 자료들을 검토했다.

　2006년 제4회 전국동시지방선거에서는 강금실 서울시장

후보 캠프에서 대학생으로 자원봉사를 했다. 강금실 전 장관님은 현재 내 후원회 회장님이시기도 하다. 청년들과 함께 유세 현장에 나가고, 급박하게 돌아가는 선거 사무실에서 후보자의 홍보를 위한 서류를 만들고, 직접 강금실 후보 역할을 해 토론회 패러디 영상을 만들었다. 인터넷 방송에 강금길('강금실 후보가 길이다'라는 뜻으로) 역할을 맡아 후보의 정책과 비전에 대해 소개했다. 20대 여대생으로서 여성의 롤모델이었던 강금실 후보에게 진심을 담아 편지를 써서 전달하기도 했다. 대학생들과 '금써포터즈'에 참여해 서울지역을 돌아다니며 후보를 알렸다. 강금실 장관님은 내 마음 속에 존경하는 여성 정치인이자 법조인이다. 강금실 장관님의 『서른의 당신에게』라는 책을 읽으며 미래에 대한 불안, 초조, 두려움이 있던 내 20대 인생에 여유와 낭만을 가질 수 있었다. 내가 그분을 롤모델로 삼고 앞이 캄캄했던 내 20대 시절에 희망을 보았듯 나의 말과 글도 누군가에게는 따뜻한 힘이 될 수 있기를 소망한다.

그렇게 좋아하던 정당 활동보다는 대학원 생활과 유학 준비에 몰두하는 긴 시간이 이어졌고, 동그랗고 커다란 안경에 돌덩이처럼 무거운 백팩과 운동화 차림으로 나의 20대 후반은 그렇게 지나갔다.

우리나라 청년들이
프랑스 청년들보다 능력이 없다?

18세 선거권과 피선거권

나는 오래전부터 우리나라에는 왜 청년 정치인이 없을까, 하는 의문을 품고 있었다. 그런데 20세 때 정당 활동을 시작하면서 우리 사회의 정치 인식에 큰 문제가 있다는 것을 느끼게 되었다. 흔히 청소년은 미숙하다, 아직 의사 결정을 할 수 없다고 한다. 하지만 다른 나라의 경우 39세에 대통령에 당선된 마크롱(Emmanuel Jean-Michel Frédéric Macron)이 있다. 프랑스의 경우 10대 때부터 정당활동을 하기 때문에 젊은 대통령이 나올 수 있는 것이다.

이 책을 쓰고 있는 중 북유럽 핀란드에서 1985년생, 34세의 세계 최연소 총리인 산나 미렐라 마린(Sanna Mirella Marin)이 취임했다. 산나 마린 총리는 2015년부터 핀란드 사회민주당 소속 국회의원을 지냈고, 2019년 린네 내각에서 교통통신장관을 역임했다. 이런 일이 가능할 수 있었던 이유는 유럽 대부분 국가가 정당에 청년조직을 두기 때문이다. 젊어서 정치에 입문해 '직업으로서의 정치인'으로 훈련 받을 수 있는 기회가 충분히 있다.

반면 우리나라는 청소년들이 당원으로 가입할 수 없다. 청소년 시절부터 정당 활동을 할 수 있어야 정치에 자연스럽게 관심을 가질 수 있고, 좋은 후보자이자 유권자가 될 수 있다.

어릴 때부터 준비된 정치인들을 배출할 수 있으려면 참정권도 확대해야 한다. 현재 우리나라의 참정권 연령은 만 19세로 법에 명시되어 있다. 다양한 권리와의 형평성, 그리고 정치적 기본권 보장의 측면에서 그간 지속적으로 선거 연령의 18세 하향 조정이 논의되어 오긴 했다. 정당법에 명시된 정당 가입 나이도 낮추어 청소년들이 보다 적극적으로 정치적인 의사 표현을 할 수 있도록 뒷받침해주어야 한다는 목소리 또한 있어 왔다. 중앙선거관리위원회의 자료에 따르면 현재 우리나라의 선거 연령인 만 19세는 다른 나라와 비교했을 때 가장 늦은 것이다. 또한, 취업이나 결혼 등 다른 법을 통해 보장되는 권리와 비교해도 참정권 부여 연령이 늦다고 할 수 있다. 참정권은 국민에게 보장되는 가장 기본적인 권리임에도 불구하고 부당한 편견으로 인해 제대로 보장받지 못하는 것은 문제가 있다.

현재 만 19세, 25세로 명시된 투표연령과 피선거권 연령을 모두 18세로 조정하고, 정당 가입 연령에 관한 기준을 완화하여 각 정당이 자율적으로 정할 수 있다면, 청소년들이 좀 더 일찍부터 정치에 관심을 가지고 스스로의 정치관을 확립해 갈 수 있지 않을까 생각해본다.

지난 2019년 12월 27일, 선거연령을 만 18세로 인하하는 내용을 담은 공직선거법 개정안을 내 손으로 통과시켰다. 다가오는 4월 총선부터 선거 연령이 인하되는 것이다. 참정권 확대라는 일에 힘을 보탤 수 있었다는 점에 감회가 새로웠다. 이번 선거제도 개혁을 시작으로 앞으로 남은 피선거권 연령 인하와 청소년의 정당활동 권리 보장도 하루 빨리 이루어져 청년정치가 활성화되는 날을 기대해본다.

대한민국 공무원은
영어 시험이 필요할까?

직무와는 무관한
시험들

정당 활동과 선거 유세를 통해 전국 각지의 청년들을 많이 만났다. 그들을 만나면서 청년들의 눈높이에 맞는 여러 가지 현실적인 정책이 필요하다는 것을 절감했다. 그중 하나가 바로 공무원 시험이다. 꿈보다는 안정적인 직업을 선호하는 청년들에 대한 질타의 목소리가 있지만, 그건 청년들의 눈높이에서 바라보지 못하는 전형적인 기성세대의 관점이다. 현실에서는 많은 청년들이 공무원 시험을 준비하고 있다. 왜 그런지 기성세대는 청년들의 생각을 더 깊이 이해하고 보듬으려는 노력을 해야 할 것이다.

공무원 시험과 관련하여 공무원 친구들에게 이런저런 것들을 묻다 보면 한결같이 듣게 되는 이야기는 바로 영어가 필요하지 않다는 것이었다. 비용적인 측면과 시간적인 측면에서 소모가 된다고 했다. 시험을 위해 영어를 공부하지만 막상 외국인을 만나면 한마디도 하지 못하고, 무엇보다 실제 업무에서는 영어가 거의 필요 없다고 한다.

또 한 친구는 세금 관련된 부서에 근무하는데 공무원 시험에서는 세무법 관련 과목이 선택과목이라고 했다. 선택과목이니 많은 응시자들이 선택하지 않고 공부하지 않는다고 했다. 그런데 문제는 합격시에 다시 교육을 받아야 되고 그렇게 공백이 생긴 업무는 또 주변 동료들이 다 맡아서 해야 하는 비효율적인 일이 계속 발생한다는 것이다. 결국, 시험 자체를 위한 불필요한 공부 대신에 업무와 직급에 맞게 해당 공무원들이 필요로 하는 업무능력 측정 및 배양을 하는 방향으로 시험제도를 바꿔야겠다고 생각했다. 언젠가는 꼭 내 손으로 법안을 만들어 이런 현실적인 문제들을 해결할 수 있을 거라고 믿고 또 기대한다.

어쨌든 현실은 이렇다. 과거 고등학교에서 충분히 숙지한 기본 학과 시험이 국가공무원 7급(국어, 영어)과 9급(국어, 영어, 사회, 과학, 수학) 공채 시험 과목으로 다시 등장하며, 해당 직무에서 외국어를 전혀 사용하지 않는 직렬도 영어 시험을 강제하고 있다. 특히 이를 대체할 수 있는 영어능력검정시험(TOEFL, TOEIC, TEPS, G-TELP, FLEX)은 청년 구직자들의 부담을 엄청나게 가중시키고 있는 것이다.

'2019 국가공무원 공개채용시험 등 계획 공고'에서 영어를 필수과목으로 지정한 9급 25개 직렬 가운데 관세, 마약수사, 출입국관리 3개 직렬은 영어가 불가피하다고 볼 수 있다. 그러나, 그 외의 직렬에서 영어는 업무 특성에 따라 필요한 선택적 역량으로 볼 수 있다. 이 같은 상황은 7급 24개 직렬 가운데 영어 활용이 관세, 출입국관리, 외무영사 3개 직렬에만 해당한다거나, 5급 26개 직렬 가운데 국제통상, 출입국관리, 일반외교, 지역외교, 외교전문 5개 직렬만 해당하는 것과도 크게 다르지 않다고 할 수 있다. 하지만 현재 거의 모든 취업 준비생은 실제 업무 분야에 비해 필요성이 낮은 영어 시험 점수를 확보하기 위해 많은 시간을 투자하고 있으며, 이로 인해 발생하는 사회적 비용도 큰 상황이다. 정작 직무에 필요한 자격증이나 기본 지식을 획득하는 과정은 채용 이후 교육을 통해 이루어지는 비효율적인 상황이 발생하고 있는 것이다. 아울러 기본 인성 강화를 위해 꼭 필요한 교육은 법정 의무교육 이수에만 의존하고 있는 것도 문제다.

나는 영어 활용도가 낮은 직렬의 경우 영어를 필수과목에서 제외해 청년 구직자들의 과도한 부담과 사회적 비용을 줄이고, 직무 관련 자격증 획득 및 교육 이수가 공채 전 이루어지도록 채용 시스템을 개선하기로 결심했다. 또한, 인성과 관련된 기본 교육을 강화하고, 교육 효과를 상시 점검할 수 있는 제도도 국회의원이 되면 꼭 마련하겠다고 다짐했다.

인턴 연구원

**복사를 하더라도
후회 없이
정성스럽게**

'후회하지 않도록 최선을 다하자.'

내 모든 판단의 기준은 10년, 20년 뒤 나의 과거 결정을 돌아보았을 때 후회하지 않는 것이다. 나는 연세대학교 석사 졸업 논문을 준비하려고 했지만, 행정적인 절차로 서류를 며칠 늦게 제출하게 되었고, 그 결과 다음 학기인 2012년으로 논문 작성이 연기되었다. 갑자기 내가 계획했던 일이 어긋나자 다시 정당 활동을 하고 싶다는 간절한 마음이 생겨났다. 민주정책연구원 인턴 연구원에 지원해 합격했다. 인턴 연구원으로 주 4일 출근을 하고 남는 시간에는 논문과 유학 준비를 했다.

연구원에서 다양한 분야의 박사님들과 함께 일하게 되었고, 연구원을 방문하는 전·현직 의원들과 실제로 만나서 대화할 기회가 많아졌다. 신기하기도 했지만 한편으로는 무거운 책임감을 느꼈다. 나의 주 업무는 연구원에서 발간하는 간행물을 교정하고, 연구 과제를 각 의원실 우체통에 넣는 것이었다. 2012년 총선을 대비해 경제민주화, 보편적 복지, 한반도 평화 등에 관련된 특별위원회가 설치되었고, 그 회의들을 준비하고 연락하는 일을 담당했다. 연구원에 손님이 오면 차를 대접하거나 커피를 타는 일도 막내인 나의 몫이었다. 가을에서 겨울로 넘어가는 추운 계절에 찬물로 손님들이 마신 컵을 씻는 일이 자주 있었다. 처음에는 차가운 물에 손을 담그는 게 싫기도 했고 불평하는 마음이 올라왔지만, 이상하게도 커피를 타고 컵을 씻는 일이 계속될수록 마음속에서 이런 생각이 자꾸 커져갔다.

'이 커피를 마시는 분들이 대한민국을 위해 올바른 정책을 만들 수 있도록 인도해주시고, 이 사회가 늘 행복한 일들만 가득하게 해주세요.'

나는 당시에 내가 하는 일에 큰 자부심을 느꼈고 이러한 일이라도 할 수 있다는 사실이 참 감사했다. 건조한 날씨에 수백 장의 연구 보고서를 복사하다가 종이에 손이 베인 적도 많았다. 늘 상처투성이의 손이 쓰리고 아팠지만 복사하면서도 마음속으로는 '이 정책 자료집을 읽는 모든 분에게 대한민국을 사랑하는 마음을 크게 주시고, 나라를 위한 법안까지 만들어질 수 있도록 도와주세요'라는 생각을 했다. 말과 행동에 진심을 담아 연구원에 오시는 한 분 한 분을 대했다. 이분들의 결정 하나가 많은 사람을 살릴 수도 있다고 생각했다. 그 책임감이 막중할 텐데, 내가 할 수 있는 일은 행정적인 보조와 마음속 응원뿐이었다. 그럼에도 불구하고 내가 일할 수 있음에 감사했다. 작게만 느껴졌던 이러한 경험들은 이후에 내가 국회의원이 되고 나서, 함께 일하는 직원들의 마음을 헤아리고 공감하는 데 도움이 되었다.

한편으로는 몇 년째 유학 준비도 계속해 나갔다. 때로는 공세 개로 저글링을 하는 기분이었다. 한 가지를 집중해서 끝내는 것이 아니라 정당 활동, 논문, 유학이라는 세 개의 공을 동시에 던지는 기분이었다. 물론 다른 이들이 보기에 하나의 공 만을 잡고 던지는 것보다 시간이 더 걸리고 비효율적으로 보였을지 모른다. 하지만 그 시간은 내가 온전히 목표만을 바라보며 포기하지 않고 담대히 꿈을 향해 나아갔던 귀한 순간이었다.

사람마다 각자의 인생 시간표는 다르다. '엄친딸, 엄친아'라는 단어처럼 내 엄마의 친구 딸은 하는 일마다 잘 되는 것 같고, 나보다 나아 보이는 것 같지만, 그 사람도 나름의 아픔과 기다림의 시간이 있었을 것이다. 남의 인생의 시간표가 내 것이 될 수 없고, 내 인생의 시간표가 다른 사람의 시간이 될 수 없다. 기다림이란 더 이상 참을 수 없을 때부터 시작된다는 얘기를 들은 적이 있다. 아무것도 이룬 게 없고, 여러 가지 일만 벌여놓은 것 같았지만, 결국 나는 그 모든 것을 끝까지 포기하지 않았다. 모든 게 이루는 과정이었다.

안녕하세요, 정은혜입니다

누군가는
희망 고문이라고
했지만

연구원에서 일하며 논문과 유학을 준비하던 중, 2012년 4월 총선에 20대, 30대 청년 비례대표를 선발한다는 소문이 들려왔다. 심장이 뛰었다. 어린 시절부터 꿈꾸어 온 일을 청년 시절에 할 수 있는 기회가 생기다니! 12월에 공고가 나고부터 차근차근 준비했다. 첫 관문은 자기소개서와 동영상을 제출하는 것이었다. 25세~30세, 31세~35세 남녀 각 한 명씩 총 네 명의 청년 비례대표 국회의원을 선발하는 과정에 전국에서 총 400여 명이 지원했다. 5분 미만의 동영상을 촬영해 유튜브에 올려야 하는데, 전문 업체에 의뢰해 견적을 내보니 컨설팅, 촬영, 그리고 편집까지 300만 원에서 400만 원 정도의 비용이 든다고 했다. 할 수 없이 인터넷을 통해 5만 원을 주고 카메라를 하루 대여하고, 친구에게 촬영과 편집을 부탁했다.

영상에서 어떤 말을 해야 하는 걸까? 어떤 모습으로 나오는 것이 좋을까? 밤새 혼자 고민했다. 그 끝에 첫 장면은 대한민국의 중심인 광화문 경복궁 앞에서 찍기로 했다. 12월 매서운 칼바람이 부는 날씨에 번듯한 정장 재킷 하나 없어서, 얇은 반팔 원피스에 남방 하나를 걸친 후 간단한 자기소개를 쓴 스케치북을 들고 경복궁 앞에 섰다. 너무 추워서 콧물이 났고 얼굴은 굳었지만 씩씩하게 페이지를 넘겼다.

'안녕하세요. 정은혜입니다. 제 얘기를 들려드릴게요.'

다음으로 내용을 말할 수 있는 영상을 찍어야 했다. 조용한 곳이면 좋을 것 같았는데 생각해보니 유학 준비를 하면서 다녔던 강남역 근처의 북카페가 생각났다. 북카페라 조용하기도 했고, 분위기 있게 서 있는 책장들이 영상에서 멋지게 나올 것 같았다. 근처 편의점에서 음료수 한 상자를 사 들고 매니저를 찾아가 무작정 부탁했다.

"제가 동영상을 촬영해야 하는데 이곳에서 해도 될까요? 카페 인테리어가 너무 멋있어서요!"

뜻밖에도 북카페 매니저는 흔쾌히 허락해주었다.

"북카페 영업시간에는 안 되고요, 10시에 오픈하니까 9시쯤 와서 촬영하세요."

정말 감사한 일이었다. 카메라를 하루 더 빌리기로 하고, 다

유튜브 청년 비례대표 국회의원 지원 영상 중

음 날 아침 일찍 친구와 촬영에 나섰다. 총 세 가지 구도로 배경을 잡고, 다른 느낌을 주기 위해 남방을 바꿔 입고, 머리를 묶었다 풀었다 하며 촬영했다. 내가 전하고 싶었던 메시지가 있었기 때문에 그 메시지의 분위기와 맞는 콘셉트로 나름 고민을 많이 해서 찍었다. 조금 아쉬운 점이 있다면, 북카페 오픈 시간 전이라 해도 혹시 직원에게 피해가 갈까 봐 속삭이듯 조용히 말해야 했다는 것이다. 하지만 어쩔 수 없었다.

이후 편집 과정에서 넣을 사진들, 메시지, 자막, 음악까지 전부 다 고민 끝에 내가 선택했다. 편집해주는 친구가 나의 까다로운(?) 요구에 맞춰 여러 번 수정하느라고 고생했지만, 내 나름대로는 최선을 다하고 싶은 마음에 꼼꼼히 만들었다. 이렇게 만든 동영상을 유튜브에 올려야 하는데 부끄럽고 창피한 마음이 들었다. 지원한 다른 청년들의 영상에 비해 초라해 보였고 얼굴조차 모르는 사람들이 내가 하는 말과 몸짓 등을 볼 거라 생각하니 부끄러움이 물밀듯 밀려왔다. 그래도 어쩔 수 없지 않은가?

주변에서 들은 얘기로는 국회의원에 출마하려면 돈이 몇 억씩 든다는데, 10만 원에 영상 만들고 출마하는 셈이니, 부담 없이 또 후회 없이 해보자고 마음먹었다. 영상에 맞춰 자기소개서를 작성했다. 내가 어린 시절부터 부모님께 배워온 가르침과 세상을 더 나은 곳으로 만들기 위해 무엇을 어떻게 하고 싶은지를 진심을 담아 썼다.

유튜브에 동영상을 올리고, 지원서를 제출하고, 간절한 마음으로 합격을 기도했다. 하루하루가 불안했다. 다른 지원자들이 만든 수준 높은 유튜브 자기소개 영상을 보면서 부럽기도 하고, 내가 초라해 보이기까지 했다. 400명 가까이 되는 지원자들의 영상을 전부 다 보면서 동시대를 살아가는 청년으로서 어떤 생각을 하고 있는지, 어떤 꿈으로 정치를 하려는지를 집중적으로 분석했다. 한 사람, 한 사람의 열정과 진정성이 느껴졌다. 1980년대에 대학을 다닌 선배들처럼 화염병을 들고 캠퍼스에 모여 민주주의를 외치지는 않았지만, 5분짜리 유튜브 영상에 대한민국을 더 나은 곳으로 만들기 위한 간절함, 문제의식, 해결책이 들어 있었다.

저를 안 뽑아도 좋아요

청년들의 간절함에
진심을 담아

누군가는 2012년 청년 비례대표가 잘못되었다고 말한다. 어떤 이들은 "아무것도 모르는 젊은 친구들이 무슨 정치를 한다고 국회의원 의석을 내주어야 하는가?"라고 했지만, 내 생각은 다르다. 똑같이 청년을 위한 정책이라 해도 청년의 시선으로 바라보는 청년 정책과 기성세대가 바라보는 청년 정책은 분명히 다르다. 기성세대가 못나서 그런 것이 아니다. 살아온 시대가 다르고, 생각의 구조가 다르기 때문이다. 우선시하는 가치가 다르기에 문제를 분석하는 방식도 다르다. 문제의 원인을 다르게 보고 있으니 그 해결책 또한 다를 수밖에 없다. 국회는 국민을 대표하는 곳이다. 무엇보다 다양한 국민의 목소리를 담을 수 있어야 한다. 그러나 2012년에도, 2016년에도 전체 인구의 28퍼센트를 대표하는 2030 청년 정치인의 수는 1퍼센트를 웃

돌았다.

이후 나는 1차 서류 및 제출한 유튜브 영상심사에서 합격했다. 100여 명의 1차 합격자가 있었다. 다음으로 면접을 준비했는데 막막한 마음에 일단 집에 있는 책들을 읽기 시작했다. 그리고 광화문 교보문고에 가서 현재 화제가 되고 있는 정치, 외교적 사안에 대한 베스트셀러 서적들을 읽었다. 민주통합당 홈페이지에 들어가 당헌당규를 다시 한번 꼼꼼히 살피고, 기존에 있던 대변인 브리핑과 당대표의 메시지 등을 보았다. 우리 당과 대한민국이 처한 상황을 앞으로 어떻게 극복해나가야 할지 구상해보았다. 물론 내가 이미 제출했던 자기소개서는 거의 외우다시피 해서 어떤 질문에도 대답할 수 있도록 모범답안을 만들어둔 상태였다.

면접 당일, 나는 이른 순서는 아니었다. 면접을 일찍 끝내고 나가는 다른 지원자들이 그렇게 부러울 수가 없었다. 떨리는 마음으로 대기하다 내 이름이 호명되자, 차분히 옷맵시를 가다듬고 마음을 가라앉힌 다음 면접실로 들어갔다. 들어가보니 타원형 테이블에 다섯 명 정도의 면접관들이 앉아 있었다. 면접 장면은 전부 카메라로 찍고 있었지만, 긴장하지 않고 담대하게 면접에 임했다. 그때 무슨 말을 했는지 전부 기억하지는 못하지만, 면접 마지막에 내가 했던 말만은 생생하게 기억난다.

"저를 뽑지 않으셔도 됩니다. 하지만 지금 이 자리에 온 청년들이 얼마나 간절한 마음인지 알아주시고, 대한민국 청년들이 얼마나 힘든 상황에 처해 있는지 알아주세요. 그리고 그 문제를 해결할 의지와 능력을 가진 사람을 선발해주시기 바랍니다."

준비했던 말은 아니었다. 면접을 보면서 내가 하고 싶었던 말을 다 했다고 생각했다. 그리고 마지막에는 '진심으로 이들에게 내가 원하고 말하고자 하는 내용이 무엇일까?'라는 생각을 담아 즉흥적으로 이야기했다. 그렇게 면접도 끝이 났다.

한 걸음 한 걸음씩

두려울 때
더 깊이 파고들기

면접도 통과했다고 들었을 때 조금씩 두려워지기 시작했다. 대학 졸업 후 석사를 마치면, 유학을 다녀오고 박사과정까지 밟을 예정이었다. 공부를 다 마친 뒤에는 교수나 정책 연구원이 되어, 50대쯤 국회의원에 출마하는 것을 꿈꿨다. 하지만 지금 하루하루 닥쳐오고 있는 상황은 갑작스럽기도 하고, 하나같이 예상치 못한 일들이었다. 두려웠다. 하지만 여기서 그만둘 수는 없었다. 오히려 그럴수록 지금 하는 일을 최선을 다해 끝까지 해보기로 마음먹었다. 두려울수록 더 깊이 파고들면 어느새 그 두려움을 잊을 수 있을 거라 생각했다.

100여 명의 면접 대상자 중 40여 명이 선발되었는데, 나도 그 중에 포함되어 2박 3일간 캠프를 떠났다. 사흘간 합숙소에 들어가 각 후보가 준비한 법안 발의 프레젠테이션, 모의 국회,

대변인 브리핑 절차를 거쳐 각 세대와 성별에서 네 명씩, 총 열여섯 명이 최종 선발되어 온라인 국민투표를 하게 되었다. 나는 오랫동안 정당 활동을 하면서 선거 지원 유세를 가거나 정책연구원에서 현상을 분석하거나 당의 방향과 미래를 계획하는 일에는 익숙했지만, 국회의원 보좌관 경험은 전혀 없었던 터라 위의 세 가지 미션을 어디서부터, 어떻게 시작해야 할지 막막하기만 했다.

법안 발의는 내가 관심 있는 분야의 주제를 설정하는 것이 쉬울 거라 생각했다. 내가 이미 알고 있는 것이 무엇이 있을까? 다양한 관심 분야를 노트에 적었다. 미혼모들을 위해 정부가 어떤 지원을 하는지, 어떤 도움이 더 필요한지에 대해서라면 이미 오래전부터 잘 알고 있다고 자부했다. 내가 경험한 바로는 미혼모들의 대부분이 원가족으로부터 제대로 된 사랑이나 관심을 받지 못했다. 그런 결핍들이 현실과 맞물리면서 어린 나이에 반복된 임신을 하는 경우가 많았다. 이들에게 성교육을 넘어 다양한 사회를 접할 기회를 주고, 인간적인 삶을 사는 데 필요한 교육을 넘어서 사회가 그들을 버리지 않았다는 메시지를 주는 것이 정치가 아닐까 생각했다.

먼저, 여성가족부와 보건복지부에 전화를 걸었다. 그리고 미혼모 관련 법안은 「한부모가족지원법」의 틀 안에 있다는 것을 알게 되었다. 국회 입법의안정보시스템 홈페이지에 들어가서 관련 법안을 전부 찾아보았다. 현존하는 법들도 있지만, 계류 중이거나 통과되지 못하고 임기가 만료되어 폐기된 법안들도 많이 보였다. 좋은 법안들이 이미 많이 마련되어 있는데도 정치적인 사안들로 인해 통과되지 못한 경우가 많다는 것을 느꼈다. 법안 제출 양식에 의거해 작성을 시작했다. 이 법안이 실현될 가능성이 있는지를 검토하기 위해 우리 당의 해당 연구 위원과 정책 연구를 실제로 하고 계시는 분들을 수소문해 직접 연락했다. 일면식도 없는 스물여덟 살의 젊은이가 다짜고짜 전화해 한부모가족지원법 개정안에 조항을 넣을 것이라며 관련 사항들을 묻고 있으니 전화를 받는 입장에서도 당황스러울 법했지만, 모두 친절하게 받아주고 조목조목 알려주었다.

마침내 개정안을 완성했다. 이제 이 개정안을 어떻게 프레젠테이션할 것인지 고민할 차례였다. 대학 때부터 파워포인트를 써왔지만, 나는 좀 더 멋지게 만들고 싶은 마음에 맥북을 대여해 '프레지(Prezi)'라는 온라인 프로그램을 시작했다. 생전 처음 다뤄보는 프로그램이어서 공부를 해도 좀처럼 속도가 나지 않았다. 결국 며칠 동안 밤을 새면서 내가 왜 이 법안에 관심이 있는지, 이 법안이 왜 필요한지, 그리고 어떻게 만들 것인지에 대한 내용을 프레젠테이션에 넣었다. 글자가 획획 돌아가도록 설정하고, 페이지가 넘어가거나 중요한 내용이 뜨면 획 소리가 나도록 효과음도 넣었다. 프로그램 사용에 익숙한 사람에게는 너무나 간단한 것이었겠지만, 초보인 나는 이런 사소한 일 하나에도 몇 시간씩 쏟아 부어야 했다.

모의 국회는 국회회의록 홈페이지를 많이 참고했다. 그 안에서 상임위원회별 의원님들의 질의나 특히 본회의에서 의원님들이 했던 발언들을 출력해 따라 읽어봤다. 용어들이 낯설기도 했지만, 익숙해지기 위해 소리 내어 읽고 또 읽었다. 그 다음에는 거울을 보면서 자연스럽게 내 언어로 표현하는 연습을 했다. 마치 진짜 의원이 된 것처럼. '다른 의원들이 내 의견에 반대할 경우 나는 어떤 모습으로 대응해야 할까?', '목소리는 높이는 것이 좋을까?', '가라앉혀야 하나?', '말의 속도는 어떻게 해야 할까?' 내 의견에 찬성하는 의원들에게는 어떤 반응을 보여야 하는 것일까? 고민이 정말 많았다. 물론 대학 시절 모의 국회나 모의 유엔대회에 참가한 적이 있어 처음 해보는 것은 아니었지만, 정말로 내가 국회의원이라 생각하고 행동하려니 고려해야 할 사항이 한둘이 아니었다.

마지막으로 대변인 브리핑은 유튜브와 당 홈페이지를 참조했다. 특히 나는 전현희 의원님의 대변인 브리핑 영상을 많이 보고 의원님의 말투나 행동을 따라 연습했다. 그리고 기자들이 갑작스럽게 곤란한 질문을 던질 경우, 어떤 식으로 대응해야 자연스러울지도 생각해봤다. 다른 당의 대변인 브리핑도 참고했고, 그 차이를 분석했다. 여당일 때와 야당일 때의 논조는 분명 다를 것이다. 어떤 단어를 사용할 것인가, 그리고 표정과 몸짓은 어떻게 해야 하는 것인가를 연구했다. 그러고 나서 신문 기사를 하나 골라 그에 대한 논평을 써보았다. 머릿속 생각을 글로 표현하기엔 쉽지가 않아 계속 썼다 지우기를 반복하면서 시간을 적잖이 쏟았다. 어떤 메시지를 주는 가도 중요하지만, 불필요한 오해나 마찰을 피하기 위해서는 단어 하나까지도 세심하게 고르고 체크하는 노력이 필요하다는 것을 깨달았다.

어차피 망했어

도망가고 싶지만
돌아갈 차가
없어

이제 준비가 되었다. 나는 최선을 다했기 때문에 자신 있었다.

'캠프에 가서 내 실력을 맘껏 뽐내야지!'

자신감 넘치도록 준비했으니 당연히 잘될 거라고 생각했지만, 기대와 달리 숙소에 도착한 후 첫 심사부터 일이 꼬여버렸다. 한 명씩 강의실에 들어가 면접관 앞에서 법안 발의 프레젠테이션을 해야 했다. 제비 뽑기로 순서를 결정했고, 나는 두 번째가 되었다. 전날 아침 6시까지 발표를 준비하고 쪽잠을 잔 터라 조금 피곤하긴 했지만 컨디션이 나쁘지는 않았다. 그러나 나의 과한 욕심(?) 때문에 문제가 생기고 말았다. 대부분의 참가자들은 마이크로소프트의 파워포인트 프로그램을 사용해 프레젠테이션을 준비했다. 그러나 내가 조금 더 멋져 보이고 싶은 마음에 선택한 '프레지' 프로그램은 면접장 강의실에 있는 컴퓨터에서 열리지 않았다. 여러 번 시도한 끝에 노트북을 직접 연결해보기로 했으나 연결할 수 있는 잭도 없었다. 무척이나 당황스러웠다. 얼굴이 빨개지고 식은땀이 났다. 내가 두 번째 순서였는데 뒷 번호를 받은 다른 참가자들은 영문도 모른 채 기다려야 했다. 그렇게 400분 같은 40분이 지나가고, 결국 '프레지' 프로그램으로 작성한 파일을 PDF로 전환해 발표하게 되었다. 밤을 새며 만든 자료의 각종 효과와 효과음들은 전부 사라지고 슬라이드만 덩그러니 남았다. 발표 내용이 나타나고 사라지는 순서와 시간을 전부 다 계산해서 멘트까지 정해두었는데, 더는 그런 멘트를 할 필요조차 없게 되었다.

당황, 황당, 불안, 두려움을 넘어 내 마음은 자포자기 상태로 접어들었다. 내가 가져온 프로그램 때문에 많은 사람이 괜한 고생하고 시간을 낭비했다고 생각하니 민망하고 죄송한 마음이 앞섰다. 그 자리에 있던 모든 사람에게 피해를 준 기분이었다. 게다가 준비했던 프레젠테이션 발표도 제대로 보여줄 수 없게 되었다. 법안 발의는 심사 항목 중 가장 높은 점수를 차지하는 부분이었기에 실망감은 이루 말할 수 없었다.

'나는 합격과는 이미 멀어졌어. 앞으로 아무리 잘한다 해도 최종 16인에 선발될 수는 없을 거야.'

'어차피 뽑히지 못할 거, 내가 정말 하고 싶은 말만 하다 오자.'

이런 생각으로 준비했던 대본을 버리고 작성한 법안만을 들고 발표했다. 어차피 발표 내용도 다 내 경험을 토대로 만든 것이니, 내 스토리를 먼저 말하고, 조사한 내용과 해당 법안의 개선점 등을 언급했다. 오랜 시간 기다리다 지쳐버린 심사 위원들의 굳은 표정이 조금씩 밝아지는 것 같았다. 특히 내가 직접 미혼모들과 생활하면서 필요하다고 느꼈던 법안에 대해 점점더 내 발표에 흥미를 보이는 것 같았다. 그럼에도 불구하고, 나는 발표가 성공적이지 못했다고 스스로를 자책하면서 발표장을 나왔다.

숙소로 돌아왔다. 네 명에서 여섯 명의 참가자가 한방을 쓰는 구조였는데, 다행히 방에는 아무도 없었다. 참았던 눈물이 터졌다. 내가 왜 쓸데없이 욕심을 부렸던가. 마치 전쟁에 나가는 군인이 평소 연습을 많이 했던 총을 버리고 최신 무기를 가져갔는데, 방아쇠도 못 당기고 그냥 돌아오는 기분이었다. 쏘기는커녕 오히려 총에 맞고 돌아온 기분이라고 표현하면 딱 적당할 것 같았다.

애초에 익숙한 프로그램으로 발표문을 만들고 설명했다면 준비하는 데 시간도 그렇게 많이 들지 않았을 것이다. 도망가고 싶었다. 집으로 돌아가고 싶었다. 하지만 숙소는 산속 외진 곳에 있었고, 나는 다른 이들과 함께 관광버스를 타고 이곳에 왔다. 여기가 어디인지도 알 수 없었고 택시를 부를 돈도 없었다. 게다가 집에 돌아가면 마주하게 될 부모님의 얼굴이 떠올랐다. 일정을 다 마치지 않고 돌아간다면 부모님도 실망하실 것이 분명했다. 어차피 도망도 못 가고 2박 3일을 이곳에 있어야 하니, '나 자신에게만 부끄럽지 않도록 이 순간에 후회를 남기지 말자'고 애써 생각했다.

잘 보일 필요 없잖아

마음을 내려놓고
차분하게

그렇게 한참을 울고 나와서 저녁을 먹었다. 속이 후련해지고 다른 참가자들과 함께 앉아서 밥을 먹는 게 편해졌다. '어차피 나는 선발되지 않을 거야. 그렇다면 이들은 더 이상 나의 경쟁 자가 아니야'라고 생각하니, 경계심이나 두려움 없이 사람들을 대할 수 있었다.

둘째 날에는 모의 국회 심사가 열렸다. 그룹을 짜서 역할을 나눴다. 그리고 전략 회의를 했다. 모의 국회를 하면서 '세상에 는 참 똑똑한 사람도 많고, 말 잘하는 사람도 많구나' 하고 느꼈다. 심사 위원들은 우리의 모의 국회 과정을 관찰하고 있었고, 참가자 중 몇몇은 자신의 장점을 심사 위원들에게 멋지게 보여 주었다. 자신의 장점을 다른 사람 앞에 드러낼 수 있는 것도 능력이라고 생각했다. 나는 어차피 선발되지 않을 테니, 심사 위원들에게 애써 잘 보일 필요도 없었고, 어제 생각했던 대로 '이왕 이렇게 된 거 내가 하고 싶은 거 다 하고 오자'는 마음으로 임했다. 심사 위원들을 의식하지 않고, 내가 평소에 생각하고 있었던 헌법적 가치와 정의에 관해 이야기했다.

마지막 날, 오전에 짐을 정리하고 대강당으로 올라갔다. 모든 참가자가 강당에 앉아 있었다. 드디어 마지막 미션, 대변인 브리핑을 할 차례였다. 신문 기사 하나가 공지되었고 참가자들은 1시간 동안 민주통합당의 논조에 맞게 브리핑 내용을 작성해야 했다. 물리적으로 짧지 않은 시간이었지만, 긴장한 탓에 컴퓨터 자판을 치는 손이 덜덜 떨렸다. 모든 참가자는 말없이 기사를 검색하고 사실관계를 확인해서 자신만의 논평을 만들었다. 1시간 뒤, 분과별로 강의실 앞에 모였다. 유튜브에서 대변인들이 논평을 발표하는 모습을 많이 보았던 것이 나에게는 큰 도움이 되었다. 내가 비록 지금은 후보이지만, 정말 '대변인'이 되어서 당당하고 소신 있게 당의 입장을 전달해야겠다고 다짐했다.

"안녕하세요. 민주통합당 원내 대변인 정은혜입니다. 브리핑을 시작하겠습니다."

이후 내가 준비한 내용을 또박또박 말했다. 중간중간 쉬어야 하거나 강조해야 할 부분들은 빨간 볼펜으로 체크해 신중하게 발표했다. 그리고 마지막에 "이상으로 브리핑을 마칩니다. 질문 있는 기자분들 계신가요?"라는 말까지 덧붙였다. 심사 위원들은 마치 기자가 된 것처럼 나에게 날카로운 질문을 던졌고, 나는 차분한 태도로 너무 감정적이지 않고 조리 있게 대답했다.

발표가 무사히 끝났지만 앞서 말한 것과 같이 첫 미션을 망쳤다고 생각한 나는 최종 16인에 들어가지 못할 거라고 이미 단정하고 있었다. 그래서 오히려 더 부담 없이 심사에 임할 수 있었다. 뽑히고 안 뽑히고는 내게 중요한 문제가 아니었다. 이 과정을 통해 더 배우고 성장하리라는 다짐, 실패로 한층 더 성숙해지는 계기가 되리라는 믿음이 마음속에 자리 잡았다.

28살, 19대 국회의원 비례대표 후보

400여 명 중 최종 후보 4인,
현실은 비례대표 27번

드디어 발표일이 되었다. 최종 16인을 발표하는 자리가 영등포 민주통합당사에 마련되었고 많은 취재진이 몰려왔다. 난생처음 수많은 카메라 앞에 섰다. 내 이름이 호명될 것이라고는 상상도 하지 못했다. '다른 사람들이 선발되면 축하해줘야겠다'라고 생각하며 서 있었다. 각 세대별로 네 명씩 선발하는데 나는 20대 여성 그룹이었다.

그런데 뜻밖의 상황이 펼쳐졌다.

"정은혜!"

내 이름이 호명된 것이다. 정말 깜짝 놀랐다. 같이 고생한 청년들을 축하하려고 자리를 지킨 것인데 내 이름이 불리다니. 나는 얼떨떨한 표정으로 단상을 향해 나아갔다. 나를 포함한 16인이 수많은 카메라 플래시 앞에 서서 화이팅을 외치며 사진을 찍었다. 선발된 16인을 두고 전국의 25세에서 35세 사이 유권자에게 전화 투표를 실시했다. 그리고 순위별 1위를 하는 사람이 최종 국회의원 비례대표 후보가 되어 비례 순번을 받게 된다. 최종 16인이 되고부터는 눈코 뜰 새 없이 바빴다. 오마이 뉴스 TV 토론에 참석하고 홍보 영상을 촬영했다.

최종 후보 4인의 발표가 있던 날 떨리는 마음을 안고 당사로 향했다. 지난번보다 더 많은 취재진이 몰려 있었다. 이번에는 혹시나 하는 마음에 당선 소감문을 적었다. 물론 떨어지면 아무런 말도 안 하겠지만, 당선되었을 때 당황해서 횡설수설하는 것보다는 내가 정말 하고 싶은 말들을 미리 적어두는 것이 이 모든 과정을 지켜본 유권자들에 대한 최소한의 예의라고 생각했다. 그리고 놀랍게도 정말 최종 후보가 되었다. 설마가 현실이 되니 두렵고 떨렸다.

최종 4인에 선발되고 나서 많은 인터뷰 요청이 들어왔다. 그중 가장 기억에 남는 것은 《새부천신문》과 진행했던 인터뷰 기사였다. 당시 기사의 헤드라인은 '젊은 감각으로 청년의 비전을 제시하는 정치인이 되겠다'였다. 기사에는 내가 개척교회 목사의 딸로 어떻게 성장하고 어떤 꿈을 가지고 있는지에 대한 내용이 있었고, 이 기사를 보고 트위터를 통해 많은 분들이 나의 이야기에 감동을 받았다며 연락을 주셨다.

반대로 난감한 기사도 있었다. 전화로 인터뷰하던 중 "학교 졸업 후 영어를 공부하고 다양한 경험을 하는 것이 저 자신을 위한 것임에도 불구하고 죽을 만큼 힘들었다"라고 말했다. 이것이 '정은혜, 스펙 쌓기 하다가 자살 생각까지'라는 제목의 기사로 온라인에 올라왔다. 그 기사가 올라오기 전날, 배우 차인표가 방송에 나와 "공인은 자살을 언급해서는 안 된다"라는 말을 했었는데, 그 발언과 같이 엮어서 기사화하기 위해 그런 제목이 나온 것 같았다. 나는 온라인상에서 나쁜 사람이 되어 있었다. 결국 기자에게 전화해 나의 인터뷰 의도는 그게 아니었으니 제목을 수정해달라고 부탁했다. 나는 이 경험을 통해 내 입에서 나오는 모든 말은 오해의 여지가 없어야 하며, 항상 명확한 언어로 상황을 설명해야 한다는 것을 뼈저리게 체감했다.

19대 총선 전날,
전 국민 앞에서 첫 데뷔

청년 비례대표 후보 27번
정은혜입니다

이 책을 쓰면서 유튜브에 남아 있는 당시 비례대표 후보 연설을 다시 들어보았다. 당시 사무총장이었던 박선숙 의원님께서 《새부천신문》에 나온 기사를 이외수 작가가 리트윗한 것을 보시고 내 이야기를 4월 11일 투표 전날 국민들에게 들려주고 싶다고 하셨다. 의원님은 나의 스토리를 하나하나 귀 기울여 들으시며, 어떻게 국민들에게 전달해야 할지 상세히 지도해주셨다. 정말 어색하지만 풋풋하고 앳된 내 모습을 보니 미소가 절로 나온다. 청년다운 당돌함과 절박함이 잘 묻어나는 연설이라고 스스로 평가를 내렸지만, 현실은 비례대표 27번이었다. 당선될 가능성이 없다는 걸 알면서도 진심을 다해, 그리고 최선을 다해 준비하고 연설에 임했다. 그때 내가 바꾸고자 했던 세상의 모습들이 지금은 얼마나 바뀌었는가. 안타깝게도 영상을 다시 보다 보니 그때나 지금이나 청년들의 삶은 별반 나아지지 않았다는 생각이 든다. 그사이 나는 나이를 먹고 결혼해서 부모가 되었다. 그때의 나와 지금의 나. 입장이 미묘하게 바뀌었지만, 그때 바꾸고자 했던 세상의 모습을 앞으로도 결코 잊지 않으리라고 다짐해본다.

민주통합당 청년 비례대표 후보 27번 정은혜입니다.

이번 총선에서 비례대표 후보로 이름을 올려놓고 있긴 하지만 27번은 당선과는 거리가 먼 숫자입니다. 냉정히 보면 당선과는 거리가 먼 번호죠. 제가 이루고 싶은 꿈이 아직은 그만큼 멀리 있는 것인지도 모릅니다. 스물여덟 살에 대한민국 청년 정은혜로서 제가 생각하는 이번 선거 이야기를 말씀드리려고 합니다.

혹시 알부자조개를 아세요? 알부자는 원래 진짜 부자를 말하는 거잖아요? 그런데 요즘 우리 젊은 사람들끼리 말하는 부자는 전혀 다른 말입니다. 알바해서 부족한 등록금을 버는 학생들을 일컫는 말이거든요. 등록금 1000만 원 시대에 알부자가 아닌 대학생들이 거의 없다죠? 사립대 한 학기 등록금을 내려면 시급 4900원짜리 커피숍 아르바이트를 꼬박 1000시간 해야 됩니다. 하루에 8시간씩 한 학기 내내 하루도 쉬지 않고 일한 돈을 한 푼도 쓰지 않고 모아야 한다는 거죠. 저 역시 대학 내내 알부자였는데요. 당시에는 시급 2000원도 안 되는 돈을 받고 하루에 7시간씩 꼬박 일했지만 등록금은커녕 생활비를 감당하는 것도 힘들었습니다.

저희 집은 제가 초등학교 5학년 때부터 줄곧 연립주택 반지하에서 할머님과 부모님, 저희 삼남매가 살았습니다. 몇 년 전에 1층으로 올라왔는데 방에 햇빛이 들어오니까 정말 좋더라고요. 이런 형편에 부산으로 유학까지 갔습니다. 대학 진학을 앞두고 수도권 대학에 들어갈 성적이 안 나와서 사실 전 대학 진학을 포기할까 생각을 했었는데요, 어려운 형편인데도 부모님은 그래도 대학은 가야 한다고 하셔서 상의 끝에 부산에 있는 신라대에 들어가게 되었습니다. 당시에는 저도, 부모님도 지방대를 나와도 열심히 공부하면 성공할 수 있다고 생각했습니다. 전 성공해서 부모님께 보답할 수 있을 거라고 믿었어요. 그래서 대학에 들어가서 정말 죽어라 열심히 공부했습니다. 4년 평균 성적이 4.5 만점에 4.2였거든요. 그런데 졸업 즈음에 이력서를 내는데 서류 전형에서 다 떨어졌습니다. 지방대를 다니는 학생 중에 저처럼 남들보다 더 열심히 공부한 학생들이 참 많거든요.

그런데 세상은 정말 잔인했습니다. 저희들에게는 기회조차 주어지지 않았어요. 고등학교 3학년 성적이 한 사람의 평생을 결정합니다. 어떤 부모를 만났는지가 그 사람의 일생을 좌우합니다. 우리는 이대로 포기하고 절망해야 하는 건가요? 대학생 신용불량자가 몇 명인지 혹시 아세요? 학자금 대출을 받아서 신용불량자가 된 대학생이 이미 3만 명을 넘어섰다고 합니다. 노무현 정부 마지막 해인 2007년까지만 해도 3700여 명이었는데, 이명박 정권 동안에 아홉 배나 늘어난 거죠. 등록금 때문에 대학생이 사채를 쓰고 한 가정이

파괴되기도 합니다. 등록금 때문에 인간다운 삶조차 포기해야 되는 현실에서, 사회에 첫발을 내딛기도 전에 대학생들을 빚쟁이로 만들어버리는 이 나라에서 청년들이 어떤 희망을 가질 수 있을까요?

청년 실신이라는 말 혹시 들어보셨나요? 대학 졸업 후에 대부분 실업자나 신용불량자가 된다는 얘기입니다. 미래가 없는 우리 청년들의 또 다른 이름이지요. 하지만 이 참담한 현실에서 벗어날 수 있는 길을 어느 누구도 가르쳐주지 않습니다. 청년 문제는 사람을 사람답게 살지 못하게 만듭니다. 대출 빚과 취업난에 허덕이면서 연애와 결혼까지 포기하도록 강요하고 있고요. 가족이라는 최소한의 울타리조차 뒤흔들어놓고 있습니다. 부모의 허리를 휘게 하고도 취직조차 못 하고 있는 자식은 부모님 뵐 면목이 없고, 넉넉하게 뒷바라지해주지 못하는 부모는 미안해서 또 고개를 숙입니다. 이 문제의 근본에는 높은 등록금과 부족한 일자리, 지방대 차별, 부자와 가난한 사람들 사이의 건널 수 없는 강이 있습니다. 2012년 대한민국은 평등한 사회일까요? 우리 청년들은 지금 태어날 때 한 삶의 운명이 결정되는 철저한 신분 사회를 살고 있습니다. 부모의 경제력이 곧 자식의 경쟁력이라는 말이 결코 헛된 소리가 아닙니다. 어렸을 때부터 비싼 사교육을 받고 명문대를 진학해서 유학까지 다녀온 친구들이 있는 반면, 아르바이트를 두세 개씩 하면서 휴학과 복학을 반복하는 친구들도 있습니다. 애초에 출발선부터가 다르고 그 룰마저 불공정한데 어떻게 공정한 게임을 할 수 있겠습니까? 우

 민주통합당 청년비례대표 국회의원 후보

소통한단 말보다
바꾸겠단 약속보다

'항상 곁에 있을게요'

청년의 삶을 바꾸는,
정은혜의
프로포즈

자세한 공약은 홈페이지에 있습니다. http://14days.org

2012 청년비례대표 사진

리 정치는 이것을 바로잡기 위해 도대체 어떤 노력을 했습니까?

이 정부는 4대강 사업에는 30조를 쏟아놓고 재벌들에게는 5년간 90조 원의 세금을 깎아주면서 3조 3000억이 드는 등록금 문제에는 침묵으로 일관하고 있습니다. 그 많은 돈의 일부라도 등록금 지원에 쓰였다면, 조금이라도 더 나은 일자리를 만들기 위해 사용되었더라면 극단적인 선택을 할 수밖에 없었던 누군가에게 작은 희망을 줬을지도 모릅니다. 사람을 사람답게 살지 못하게 하는 정치, 청년들에게 꿈을 주지 못하는 정치는 미래가 없습니다. 저는 여야를 떠나 정치를 하는 분들께 묻고 싶습니다. 누가 우리 사회를 이렇게 만들었을까요?

우리는 이런 절망을 그대로 받아들여야 하나요? 20대가 절망하는 사회에 무슨 미래가 있을까요? 제가 감히 정치에서 할 수 있는 일이 있지 않을까 생각한 것은 이대로 포기할 수 없다는 생각 때문이었습니다. 며칠 전 청년들에게 안철수 원장이 이런 당부의 말을 했습니다. 무엇이 어떻게 바뀌기를 원한다면 자신이 원하는 변화가 미래에 반영되려면 투표에 참여하는 것이 유일한 방법이다. 지난해 서울시장 선거는 투표하면 내 삶이 바뀐다는 것을 보여주었습니다. 투표에 참여한 효과를 보여주는 것이죠. 우리의 힘으로 뽑은 박원순 시장은 서울시립대 등록금을 반값으로 내렸습니다. 서울시의 비정규직이 정규직으로 전환되기 시작했습니다. 우리가 투표하니까 정치가 바뀌었습니다. 이번 4.11 선거에 청년들의 10년 후, 20년 후 미래가 달려 있습니다. 투표하면 반값 등록금 할 수 있습니다. 반값 등록금을 시작으로 청년 일자리도 해결하고 자식 걱정에 허리 펼 새 없는 우리 부모님들의 짐도 덜어드릴 수 있습니다. 청년 여러분, 우리의 미래를 위해 투표해주십시오. 투표가 세상을 바꿉니다. 청년들이 빚 걱정 없이도 마음껏 공부할 수 있도록, 얼른 취직해서 효도할 수 있도록, 어머님 아버님 자식의 미래를 위해 올바른 선택을 해주십시오. 바뀔 수 있다는 희망과 확신으로 저는 오늘도 민주통합당 27번을 달고 열심히 뛰겠습니다. 감사합니다.

민주통합당 비상근 부대변인

뜻하지 않은
배움의 기회

4.11 총선이 끝나고 나는 예상했던 대로 국회의원이 되지 못했다. 27번의 비례대표 순번을 받았지만, 21번까지 당선이 되었다. 당장 무슨 일을 해야 할지 막막했다. 유학을 다시 준비해야하나? 다른 길을 가야 하나?

당에서 전화가 왔다. 국회의원 선거 기간 동안 한명숙 당대표를 따라 전국을 누비던 모습을 보고, 나와 비례대표 28번을 받았던 20대 남자 대표인 안상현 후보를 '비상근 부대변인'으로 임명해주었다. 국회 본청에 있는 대변인실에 출근했다. 원래 '비상근 부대변인'은 그 명칭처럼 상근, 출근하지 않는 것이고, 급여도 물론 없다. 그러나 다행히 대변인실의 배려로 출산휴가를 떠난 당직자의 빈 책상을 사용할 수 있는 기회를 주었다. 너무 감사했다. 보통 대변인실은 아침 7시에 함께 신문을 읽거나 회의를 하는 경우가 많았다. 비상근 부대변인이기 때문에 논평을 따로 쓰지는 않았지만, 아침부터 대변인실에 쌓여 있는 일간지들을 읽었다. 읽고 내가 관심 있는 분야에 대한 논평을 스스로 써보기도 했다. 많이 해본 일이 아니라 서툴기도 했지만, 그럴수록 쓰고 또 썼다.

대변인실에서 일하며 가장 좋았던 점은 현재 일어나고 있는 정치적인 이슈를 폭넓은 관점에서 바라볼 수 있다는 것이었다. 대변인실이야말로 가장 먼저 뉴스가 만들어지는 곳이었다. 당 대표와 대변인의 한마디 한마디가 기사가 되었다. 말 한마디가 여론에 중요한 영향을 미칠 수 있기 때문이다. 또한, 국회 본청에 있는 다양한 언론인들과 교류하고 대화하면서 얻을 수 있는 소식과 정보가 있었다. 그리고 국회에 있는 의원 및 보좌관들과의 만남을 통해 식견을 넓히고 정치적인 역량을 키울 수 있었다. 젊은이들이 정치를 배우기에 가장 좋은 곳이라는 생각이 들었고, 나 같은 청년에게는 이 곳에서 일할 수 있다는 것이 그저 행복하고 영광스러웠다.

책상에서 글만 쓸 수 있게 해주세요

간절함이 가져다준
행운

2012년 6월 9일 당대표 선거가 진행되었다. 내게는 주어진 역할도, 투표권도 없었지만 일산 투표장으로 향했다. 시간이 흘러 투표가 끝나고 이해찬 후보님이 당대표가 되셨다. 1988년 5공 청문회를 본 이후 내가 존경하는 정치인 중 한 분으로 여겨온 터라 당대표로 당선되신 것이 몹시 기뻤다. 청년 비례대표 4인이 최종 선발되었을 때 따뜻한 밥을 사주며 격려해주셨던 기억이 있다. 청년들이 어떤 정치를 해야 하는지 조언해주시고, 특히 "권력은 날카로운 칼과 같다"고 하셨다. "날카로운 칼이 선한 곳에 쓰이면 죽어가는 사람을 살리는 수술 도구가 되지만, 악한 곳에 쓰이면 사람을 죽이는 살인 도구가 될 수 있다"고 말씀하셨다. 나는 국회의원이 된 지금도 그 말씀들을 되새긴다. 똑같은 날카로운 칼이 사람을 살리기도 하고 죽이기도 한다는 것, 내가 가진 그 도구를 어떻게 사용할지는 내가 선택할 수 있다는 것을 항상 잊지 않고 있다.

보통 당대표가 선출되고 나면 당대표가 임명할 수 있는 보직이 바뀌게 된다. 당대표의 철학과 당 운영 방향에 맞춰 비서실장, 사무총장을 비롯해 대변인과 부대변인의 인적 구성도 달라진다. 직접 대표님을 뵐 수도 없었고 개인적인 친분이 있는 것도 아니었기에 대변인실에 계속 남을 수 있을지 장담할 수 없었다. '하나님, 저에게 책상 하나와 글만 쓸 수 있게 해주세요' 간절한 소망을 담아 기도했다. 월급이나 직책은 나에게 중요한 문제가 아니었다. 나의 논평이 당 홈페이지에 실리지 않아도 괜찮았다. 일을 배우고 싶었다. 그곳에서 내 실력을 키운 후에 당에 기여할 수 있으리라 판단했다.

같은 달 25일, 정말 거짓말처럼 나는 상근 부대변인으로 임명되었다. 상상도 못 했던 일이었다. 내가 아는 바로는 민주통합당 최연소 상근 부대변인이었다. 긴 시간 동안 나의 간절함과 그로 인한 태도를 눈여겨봐오신 지도부의 용단이었다. 그런 만큼 더 무거운 책임감을 가지고 최선을 다해야겠다고 다짐했다.

나는 매주 금요일 이해찬 당대표님의 일정을 수행했다. 나를 포함한 부대변인은 총 다섯 명(당시의 대변인은 두 명: 김현, 박용진 대변인; 부대변인은 총 다섯 명: 김정현, 김진욱, 허영일, 이규의, 정은혜 부대변인이었다). 월화수목금의 날짜를 정하고, 해당 일정에는 당대표를 수행했다. 당번이 아닌 날은 대변인실에서 논평을 썼다. 나는 당대표님과 함께 현장에 나가는 일이 늘 설레고 기대가 되었다. 다양한 분야의 사람들을 직접 만나고, 시민들의 목소리를 바로 옆에서 들을 수 있는 기회였다. 이해찬 당대표님을 만난 건 2011년 민주정책연구원에 있었을 때였다. 물론 그 전에 열린우리당 행사에서 뵌 적은 있었지만, 실제 대표님을 직접 만난 것은 재단법인 광장 사무실에서였다. 당시 나는 민주정책연구원 인턴연구원으로서 한국, 중국, 미국, 일본 4개국 학자들을 모아 세미나를 계획하는 분과를 맡았는데, 그때 처음 만나게 되었다. 첫인상을 떠올려 보면 늘 진중하게 이야기를 듣고 대답해 주시는 분이었다. 특히 대화를 하다 보면 진지한 얘기보다 일상적인 얘기들 속에 의미를 많이 부여하시는 편이었다. 국회의원이 되고 나서 고교무상교육법이 통과되었을 때는 실제로 왜 저소득층의 많은 학생과 부모들이 그동안 혜택을 보지 못했는지, 그들에게 얼마나 절실한 법안이었는지를 상세히 설명해주셨다. 본인의 젊은 시절의 정치 활동과 시대 상황을 말씀하시며, 젊은 정치인이 어떻게 행동해야 할지를 말씀해주셨다. 한 가지 인상을 더하면 이해찬 대표님은 정치인이지만 학자 같다는 생각을 많이 했다. 그분이 생각하시는 정치적 고민이 철학과 인간 중심으로 접근하고 있다는 생각을 많이 했다. 내 간절함이 이런 훌륭한 분과 함께할 기회를 준 것일까? 항상 배우고 존경할 분이 있다는 사실이 참 감사하다.

당대표를 수행하는 날에는 그날의 대표 일정과 관련하여 서면 브리핑을 작성했다. 매일 점심 때는 기자들을 만났다. 나는 주로 인터넷 언론사를 담당했고, 부대변인으로서의 내 역할이기도 한 우리 당의 입장을 오해 없이 명확히 전달하려고 노력했다.

아쉬운 마음, 안타까운 마음

문재인 대통령 후보의
낙선

2012년은 제 19대 대통령 선거가 있는 해였다. 문재인 대통령 후보 경선 과정에서 전국유세에 참여했다. 내가 부산에 있는 신라대학교를 졸업한 인연으로 부산지역 대통령 후보 경선 행사를 진행하기도 했다. 새누리당에서는 박근혜 후보가 선출되었고, 안철수 후보의 등장으로 야권은 단일 후보를 내지 못하는 상황이었다. 우리당은 문재인 후보가 최종 후보로 선출되었다. 나는 민주캠프, 시민캠프, 미래캠프 중 민주캠프에 소속되어 청년정책단장과 청년특별보좌관을 맡았고, 이후 공식캠프의 부대변인직을 수행했다. 지금은 문재인 대통령님이 되었지만, 그때는 대통령 후보로 처음 만나게 되었다. 첫인상은 대통령님의 슬로건이자 국정철학대로 늘 '사람이 먼저'인 분이었다. 함께 일을 하다 보면 따뜻함을 넘어서 뭐든지 사람 중심으

문재인 당시 대통령 후보와 함께

로 생각하시는 게 몸에 배어 있는 분이었다. 어린 나에게도 늘 존댓말을 쓰시고 한 번도 가볍게 대하신 적이 없다. 또 경험이 부족해 움츠러들 수 있는 나에게 잘할 수 있다고 늘 따뜻한 말로 응원해주시곤 했다. 나는 이런 응원에 힘입어 추운 겨울 영등포 청과물 시장 안에 있는 당사 건물에서 밤늦은 시간까지 청년 위원들과 청년 정책집을 작성하고, 낮에는 대학가와 신촌, 강남역 등 젊은 사람들이 많이 모이는 곳으로 유세 트럭을 타고 다니며 정책을 홍보했다. 동시에 낮 시간에 공중파와 종합편성방송에 출연해 당의 청년 정책을 알리고 문재인 후보에 대해 소개했다. 주거문제, 취업문제, 등록금문제 등으로 고통

받고 있는 각계각층의 청년들을 모아 릴레이로 매일 청년 정책을 기자회견장에서 발표했다. 정신없이 바쁜 날들이었다.

선거일이 다가왔다. 대통령 토론회와 지지율을 보고 나는 당시 문재인 후보가 대통령에 당선될 것이라고 확신했다. 내 상식으로는 그래야만 했다. 하지만 그 소망은 출구조사부터 무너졌다. 지상파 3사는 박근혜 후보가 50.1퍼센트를 얻어 승리할 거라 예측했고, YTN 방송국만 53.5퍼센트로 문재인 후보가 오차 범위 내에서 당선될 거라고 발표했다. 불안한 마음으로 영등포 당사 공보실에서 박용진 당시 대변인 및 부대변인단과 함께 개표 방송을 지켜보았다. 개표 결과는 엎치락뒤치락하며 한순간도 긴장을 놓을 수 없을 만큼 박빙이었다. 개표 시간이 막바지로 달려갈수록 방송을 지켜보던 캠프 관계자들의 표정이 어두워졌다. 점점 대화가 없어졌다. 개표가 거의 마무리될 무렵 결과가 발표되었다.

'박근혜 후보 당선 확정'이라는 자막이 TV 화면에 크게 떴다. 방송에서는 경찰 오토바이와 의전 차량들이 박근혜 후보의 집으로 향하는 장면을 내보내고 있었다. 대통령에 당선된 박근혜 후보가 광화문에서 당선 소감을 발표했다.

민주당이 슬로건으로 내세웠던 '사람이 먼저'인 사회, '기회는 평등하고, 과정은 공정하고, 결과는 정의로운' 대한민국의 미래가 대한민국의 청사진과는 다르게 부모의 후광으로 후보에 오른 사람에게 대통령 자리를 내어주어야 하는 것이 현실이었다. 물론, 세월이 흘러 박근혜 대통령은 글로 다 적을 수 없을 만큼의 정치적 문제로 탄핵되었지만, 나는 그 당시에 대한민국의 미래가 어떻게 흘러갈지에 대한 걱정이 앞섰다.

대통령 선거가 끝나고 몇 달간 민주당의 분위기는 혼란스러웠다. 선거 패배와 그로 인한 실망 속에서 2013년 5월 전당대회를 통해 김한길 후보가 당대표로 선출되었다. 김한길 후보가 당대표에 당선되면서 나는 자연스럽게 부대변인 명단에서 제외되었다. 갑작스레 직업을 잃게 되면서 나는 미뤄두었던 연세대학교 대학원 석사 학위 논문과 미국 유학 준비를 다시 시작하기로 결심했다.

스토킹은 사랑이 아닙니다

솜방망이
처벌

정당 활동을 하고 이름이 알려지면서 누군지도 모르는 사람에게 6년간 스토킹을 당했다. 내 팬이라고 자처하는 남자가 집요하게 나를 따라다녔는데, 참다 참다 정말 무섭고 두려워서 경찰에 가서 신고했다. 그런데 형사는 내게 수사에 몇 달 걸린다고, 또 잡기도 어렵다고 얘기했다. 기가 막혔지만 우여곡절 끝에 결국 스토커를 찾아냈다. 30대 남성이었는데, 잡히고 나서 하는 말이 가관이었다. 나를 정말 좋아해서 그랬다는 거다. 말문이 막혔다. 매일 문자를 통해 성적인 메시지를 보냈으면서 나를 좋아해서 그랬다니. 내용은 밝힐 수 없지만 굉장히 저급한 메시지였다. 그렇게 스토커를 잡아 성범죄로 처벌했더니 벌금 100만 원이 나왔다. 그 사람은 벌금과 처벌을 받고도 나에게 연락해 '내가 당신 때문에 경찰에서 갔다 왔다. 벌금까지

냈다.'며 문자를 보냈다. 이후에 나는 그 사람과 직접적인 연락을 하지 않았고, 이런 문자가 올 때마다 형사에게 연락했다. 그러나 위와 같은 문자로는 스토킹으로 처벌할 수 없다는 답변만 들었다. 그런데 우스운 건, 보고 싶다거나 좋아한다는 평범한 문자를 보낼 경우에는 고소를 해도 벌금이 5만 원이라는 사실이었다. 스토킹을 당하는 동안에는 그가 어디 사는지도 몰랐기 때문에 '우리 집 앞에서 기다리는 거 아닐까?' 하는 생각에 매일 두려움에 떨어야 했다. 거기다 더 한숨이 나오는 건 문자도 지우면 안 된다는 사실이었다. 피해자인 내가 증거를 수집해야 해서 어떤 날은 정말 싫었지만 연락을 기다리게(?) 되는 때도 있었다. '보내기만 해봐, 다 증거로 보관할 거야' 하고 마음을 먹으면서도 그 문자를 도대체 왜 내가 또 보고 있어야 하는지 이해가 되지 않았다. 그리고 더 무서운 건 차라리 모르는 사람이 스토킹을 하면 이렇게라도 처리할 수 있지만 아는 사람이 스토킹을 하면 문제가 훨씬 더 복잡해진다는 거다. 관련한 법을 알아보니 현재 법은 피해자를 위한 스토킹 방지법이 아니었다.

현재 스토킹을 처벌할 수 있는 법적 근거는 「경범죄 처벌법」 제3조(경범죄의 종류) 제1항 41에 있는 '지속적 괴롭힘'이 유일하며, 그 밖의 경우는 직접적인 피해 사실이 확인된 사안만 「성폭력범죄의 처벌 등에 관한 특례법」, 「아동·청소년의 성보호에 관한 법률」, 「통신비밀보호법」, 「형법」 등을 적용해 처벌할 수 있는 상황이었다.

「경범죄 처벌법」 제3조(경범죄의 종류) 제1항 41에 있는 '지속적 괴롭힘'은 '상대방의 명시적 의사에 반하여 지속적으로 접근을 시도하여 면회 또는 교제를 요구하거나 지켜보기, 따라다니기, 잠복하여 기다리기 등의 행위를 반복하여 하는 사람'으로 적용을 한정하고 있다. 그러나 스토킹 피해자 입장에서는 단 한 번의 위협이라도 극심한 공포로 느껴질 수 있기 때문에 빈도를 전제 조건으로 보는 듯한 '지속적'이라는 모호한 기준과 '10만 원 이하의 벌금, 구류 또는 과료의 형'이라는 비교적 낮은 수위의 처벌은 실질적인 피해 구제 역할을 해내지 못하고 있는 실정이었다. 또한, 스토킹 범죄는 재범 가능성이 높고 강력범죄로 비화될 우려가 크다는 점에서 피해자 중심의 강력한 법률 재개정이 필요함에도 불구하고, 지난 1999년 처음 발의된 이후 총 열두 건의 관련 법안이 국회에 발의되었으나 임기 만료 폐기 또는 계류 중인 상황이었다.

6년 동안 스토킹을 경험하면서 내가 국회의원이 된다면 이 법도 꼭 개선하겠다고 다짐했다. 스토킹 범죄의 확고한 근절을 위해 현재 「경범죄 처벌법」에서 다루고 있는 '지속적 괴롭힘'을 「스토킹 범죄 처벌 및 피해자보호 등에 관한 법률」로 발전시켜 법 제정을 해야겠다고 정리했다.

아울러 유년기부터 이성에게 호감을 표시하는 행위로 용인되어온 치마 들추기나 이성에 대한 지속적 괴롭힘(좋아서 괴롭히는 것이니 참아야 한다는 부적절한 교육)을 근절하는 등, 안일한 인식에서 비롯된 잘못된 사회문화를 개선하기 위해 네덜란드식 유년기 성교육(각자 몸의 경계를 이해하고 존중하는 등)과 같은 교육 정책을 도입해야 할 필요성을 절실히 느꼈다.

내 방 커튼은 초록색

**무서워서
혼자 살겠어?**

스토킹과 연관해서 혼자 사는 1인 가구의 안전에 대해서도 생각하지 않을 수 없었다. 내가 혼자 살았을 때 정말 하루도 맘 편히 잘 수 있는 날이 없었다. 부산에서 쪽방에 살 때의 일이다. 어느날 방과 후 집에 들어왔는데, 자물쇠가 뜯겨져 있었다. 쪽방은 현관문이 쇠문이 아니라 옆으로 미는 셔터문이었고 거기에 작은 구멍을 내 철물점에서 파는 작은 자물쇠를 걸어 문을 잠그는 구조였다. 방에 들어가 보니 안에는 모든 물건들이 널브러져 있었다. 옷, 책, 화장품. 더 무서웠던 점은 적은 돈이지만 돼지저금통에 가득 찬 동전은 하나도 가져가지 않았다는 것이다. 그리고 내 방 침대에는 아무것도 쓰여 있지 않은 다이어리 하나가 올려져 있었다. 누군가 나를 지켜보고 있었고 내가 없는 사이에 우리 집에 들어와서 물건들을 뒤진 것이다. 분명 가져갈 물건은 없었을 텐데 얼마 없는 돈도 안 가져간 것을 보면서 내가 집에 있었다면 무슨 일이 일어났을까 하고 공포심이 몰려왔다. 나는 무서워서 당장 친구 집으로 달려갔다. 나와 아르바이트를 하며 서로 의지하고 지낸 최미혜라는 동갑내기 친구였는데, 너무 두려워 친구 어머니에게까지 잠시 지낼 수 있게 해달라고 부탁했다. 한 달 정도 지나고 안전하다고 생각이 든 후에는 고시원으로 들어가게 되었다.

늘 현관에 남자 신발을 두 켤레씩 놔두었고 분홍색을 좋아하지만 일부러 사용하지 않았다. 커튼도 파란색을 달면 너무 남자인 척하는 것 같아서 초록색 커튼을 달았다. 빨래를 널 때면 남자 속옷을 같이 널었다. 또 집에 들어올 때면 "아빠 다녀왔습니다"라고 마치 집 안에 남자가 있다는 걸 알리듯이 소리치며 문을 열고 닫았다. 생각해보면 이렇게 행동하는 것도 정말 웃기는 일이다.

2018년 통계청 조사 기준을 보면 우리나라의 1인 가구 비중은 29.3퍼센트로 약 585만 가구에 달하며, 앞으로도 더욱 증가할 것으로 예측된다. 이러한 흐름에 따라 1인 가구를 대상으로 발생하는 범죄에 대한 우려와 불안감도 함께 커지고 있다. 지난 7월 전국을 떠들썩하게 만든 '신림동 강간 미수 사건'과 '광진구 원룸 침입 사건' 등의 사례로 특히나 취약한 여성들의 불안감이 더욱 커지고 있다는 것은 국민 모두가 어느 정도 아는 사실이다.

'신림동 강간 미수 사건'의 경우 법원이 강간 미수에 대해 무죄를 선고하며 큰 논란이 된 바 있다. 주거침입죄만 인정하여 솜방망이 처벌에 그친 해당 판결로 인해 사회적으로 큰 논란이 발생했는데, 돌이킬 수 없는 피해와 상처를 입어야만 처벌이 내려지는 현행 법체계를 바로잡고, 주거침입이 강도나 성폭력 등의 범죄로 진행될 수 있는 상황이 인정되는 경우에는 이를 판결에 반영할 수 있도록 양형 기준을 국민 눈높이에 맞게 조정해야 한다. 대학교 1학년 주거침입 경험 이후에는 내 손으로 이러한 현실을 바로잡겠노라고 메모해놓았던 기억이 난다.

국회의원이 되면 현행 고시에 머물러 있는 건축물 범죄예방 기준을 법으로 상향 조정하고, 1인 가구가 밀집되어 있는 원룸이나 소형 아파트에 CCTV, 외부 조명, 안전벨 등 범죄 예방 시설의 설치를 의무화하도록 법을 개정 발의해야겠다고 생각했다. 또한 주거침입 등에 대한 양형 기준이 강화될 수 있도록 관련된 법을 개정하여, 법원의 선고가 국민의 눈높이에 맞게 이루어질 수 있도록 하는 것이 얼마나 중요한 일인지를 생각해보게 되었다.

CHAPTER 3

계획한 대로가
아니더라도

다시 꺼낸 꿈

꿈과
현실
사이

하루아침에 실직자가 된 나는 오래전부터 꿈꾸어온 유학을 다시 생각했다. 유학 준비와 정당 활동을 하면서 2013년까지 늦어진 석사 학위 논문도 준비할 수 있게 되었다(논문은 김상준, 문정인, 최종건 교수님이 지도를 맡아주셨다). 논문은 대학원 시절 주로 들었던 국제관계 수업을 참고하고 부대변인 경력을 살려 '북한의 군사적 위협에 대한 한국, 중국, 미국, 일본의 반응 비교'를 공식적 성명서와 논평을 통해 분석했다. 나는 도서관이나 카페에서 공부하는 것보다 내 방에서 하는 것이 더 편했고 좋았기 때문에 몇 달간 집에서 논문을 썼다. 필요한 자료들은 학교 도서관에서만 볼 수 있기 때문에 가끔 연세대학교 중앙도서관에 가서 논문과 자료를 검색해 출력하고 집으로 돌아왔다. 논문을 준비하면서 스트레스가 심했던 탓인지 오른쪽 머리에 새치가 생겼다. 아직도 이 부분은 계속 새치 염색을 하고 있다. 그리고 2014년 2월 2006년에 대학원에 입학한 이후 8년 만에 드디어 졸업하게 되었다.

2013년 가을에 방영된《최후의 권력》이라는 프로그램의 영향으로 손수조 당시 새누리당 미래세대위원과 방송에 출연할 기회가 많아졌다. 고정으로 KBS, YTN 뉴스에 출연했다. 2014년은 6.4 지방선거가 있는 해였다. 꾸준히 방송 출연을 하다 보니 박원순 시장님과도 인연이 생기게 되었다. 나는 3월에 박원순 시장님으로부터 서울시장캠프 공보 업무를 맡아달라는 요청을 받았다. 박원순 시장님을 처음 만난 것은 2014년 1월 SBS 신년특집 방송 프로그램에서였다. 여당과 야당을 대표해 각 당에서 세대별 대표 세 명씩 출연해서 대한민국의 2014년 방향성을 예측하고 정책에 대한 비전을 제시하는 자리였다. 당시에 박원순 시장님을 처음 뵈었는데 따뜻하고 인격적으로 존경할수 있는 분이라고 생각했다. 무엇보다 성품이 온화한 분이었다. 문자 하나를 보내도 꼬박꼬박 답장을 보내주실 만큼 다정한 면이 많으셨다. 하지만 무엇보다 나는 박원순 시장님의 소소하게 보이지만 사람의 삶에 큰 영향을 미치는 정책들이 좋았다. 서울시를 걸출한 도시로 만들 수 있을 만큼 큰 성과를 낼 수있는 정책도 많았지만, 우리 생활 속에서 필요한 청년, 여성, 특히 저소득층을 배려하는 정책들을 제시하고 실제 현장에서 만

박원순 캠프 "어벤져스 공보팀"

들어가는 모습을 보며, 쉽게 알아보지 못하는 문제점들이나 실천하기 어려운 과제들을 해결할 수 있는 분이라고 생각했다. 이런 인연으로 2014년 서울시장 선거에서 나이가 어린 나를 부대변인으로 임명해주시고, 중요한 회의에도 들어갈 수 있게 해 주셨다. 그렇게 나는 진성준 의원님과 공보실을 꾸렸다. 그리고 드디어 지방선거에서 박원순 서울시장님이 재선에 성공에 함께했다.

2014년 가을이 끝나가는 11월 무렵 컬럼비아대학교에서 통일에 관한 강연을 요청하는 한인학생회의 초청으로 미국으로

건너갔다. 마침 너무 좋은 기회였기에 겸사겸사 하버드대학교 케네디스쿨의 입학설명회(open house)도 다녀올 수 있게 되었다.

2015년에는 방송국에서 연락이 와도 거절하고, 친구도 만나지 않고, 오로지 유학 준비에만 몰두했다. 그러나 마음 한편에서는 여전히 정치에 대한 뜻을 버릴 수 없었다. 당시의 혼란스러운 마음이 담긴 메모 하나를 여기 옮겨 적어본다.

내가 하고 싶은 일

정치다. 하지만 아무도 내가 되리라 생각하지 않는다. 심지어 우리 부모님, 그리고 나조차도. 내가 정치를 하고 싶다고 하면 아무도 믿지 않는다. 내 실력 때문에? 여자라서? 대학? 집이 부자가 아니라서? 알 수가 없다. 하긴 나조차 의심하고 있는 일을 누가 믿으랴. 하지만 언젠가는 되리라고 믿는다. 희망을 품고 있지만 나는 지금 아무것도 갖고 있지 않다. 희망을 가지고 정말 정치를 할 수 있을까? 정치는 잘해도 못해도 욕을 먹는다. 내가 그 일을 위해 평생 살 수 있을까? 성공한 사람이 될 수 있을까? 하는 의문이 든다. 막막하다. 어떻게 해야 할지.

몰라서 묻는 건 부끄럽지 않아

미국 대학원
유학 준비

초등학교 5학년 때 사촌 오빠가 하버드 대학원에 들어갔다는 소식을 듣고 종이에 '하버드 가자!'라고 써서 책상에 붙여두었다. 하버드대학교가 미국에 있다는 건 알았지만 거기가 동쪽인지 서쪽인지, 추운 곳인지 더운 곳인지도 몰랐다.

2002년 대학에 들어가자마자 바로 한국 대학원 진학을 준비했다. 당시 나는 국제관계학에 관심이 많았기 때문에 연세대학교 대학원 정치학과 입학을 꿈꾸었다. 그리고 2006년에 연세대 대학원을 다니면서 본격적으로 미국 유학을 준비하기 시작했다.

그러나 학창 시절 영어 학원 한번 다녀본 적 없는 나는 유학은커녕 미국에서 생활하는 데 필요한 간단한 영어조차 구사하지 못했다. 단어가 명사인지 동사인지도 모르는 상태에서 영어

언젠가는 꼭 입학하겠다고 마음먹고 학교를 방문했을 당시의 사진

를 공부하기 시작했다. 중학교와 고등학교에서 수업 시간에 배운 영어가 나에게는 전부였다. 하지만 솔직히 말해서 중고등학교 때는 영어 공부를 했다기보다 시험 범위에 맞춰서 그 부분만 외워 점수를 받은 것에 지나지 않았다.

단순히 미국에 가서, 더 넓은 세상에 가서 정치를 배워 오겠다는 생각으로 유학을 준비했다. 그야말로 '계란으로 바위 치기'였다. 내 주제(?)에 유학이라니. 나 자신이 한없이 낮아지고 깨지는 시간이었다. 유학을 준비하면서 새벽 5시에 집을 나서 강남역에 있는 영어 학원으로 향하다가 지하철에서 공황장애로 세 번이나 쓰러지기도 했다. 내가 해본 적도 없고, 할 수 없을지도 모른다는 두려움의 시간이 계속 이어졌다.

왜 많은 이들이 그토록 미국 유학을 원하는 걸까. 그리고 세계 최고라 불리는 하버드대학교는 도대체 어떤 곳이기에 사람들이 선망의 눈길로 바라보는 것일까. 그곳에서는 무엇을 가르칠까. 나는 호기심이 넘어 배움에 대한 갈증이 생겼다. 이와 더불어 '외부에서 바라보는 한국은 어떤 나라일까?' 하는 궁금증도 생겨났다. 보다 폭넓은 시각으로 문화와 학문을 배우고 싶었다. 마지막으로 내가 생각하고 있는 대한민국 교육의 문제점들, 특히 '주입식 교육과 국영수 위주의 기계적인 능력을 시험하는 교육이 옳은 것인가?', '미래의 대한민국 아이들은 어떤 교육을 받아야 할까?'라는 의문에 대한 답을 미국에서 찾아

보고자 하는 마음이 컸다. 또한, 내가 배운 것이 많고, 아는 것이 많아야 다른 사람들에게 도움이 될 수 있다고 생각했다.

유학을 준비하는 동안 누군가는 나에게 "명문대학교 출신의 외교관도 합격하기 힘든 곳에 신라대학교 나온 당신이 어떻게 들어갈 수 있겠냐?"며 대놓고 핀잔을 주기도 했다. 대부분은 '안 될 게 뻔하니, 어느 정도 노력하다가 포기하겠지'라고 여겼다.

하지만 내 롤모델인 빨간 머리 앤의 말처럼, 나는 '아무것도 하지 않고 실망하지 않는 것보다 실패하더라도 무언가를 시도하고 기대하며 사는 삶'을 살고 싶었다. 특히 지원하기로 결정한 마지막 순간에 태어나지도 않은 미래의 내 자녀를 생각했다. 내 딸, 아들 앞에서 "엄마가 젊어서 하버드대학에 들어가려고 도전했는데, 그만 떨어지고 말았지 뭐야"라고 말하는 것이 "엄마가 젊어서 하버드대학에 들어가려고 도전했는데, 중간에 힘들어서 포기해버렸어"라는 말보다 훨씬 더 당당하고 자랑스러우리라는 확신이 들었다. '합격하고 안 하고는 내가 결정할 수 있는 것이 아니지만, 적어도 지원하고 안 하는 것은 내가 선택할 수 있는 것이니, 내가 선택할 수 있는 범위 내에서 최선을 다하자'고 다짐했다.

미국 대학원의 진학을 위해 필요한 GRE(Graduate Record Examination) 시험을 2010년에 봤으니, 5년의 유효기간이 만료되는 2015년 더는 유학을 뒤로 미룰 수 없게 되었다. 하루에 3시간씩 자며 몇 달을 공부한 그 시험에서 상위 8퍼센트의 점수를 맞고도 미국 대학원에 지원조차 하지 못하고 있다는 사실에 마음을 굳혔다. 방송 출연이나 신문 인터뷰 요청이 있었지만 모두 정중히 거절하고 유학 준비에만 매달렸다. 2006년부터 유학을 준비해오다가 2012년 청년 비례대표 후보가 되고, 이후 당의 부대변인과 여성리더십센터 소장 등을 거치며 정치활동을 하느라 계속 유학을 미뤄왔는데, 삼십대 초반의 정은혜는 결국 정치도 안 되고, 유학도 안 되고, 나이만 먹은 채 빈손이 되어버린 기분이었다. 유학이 내 발목을 잡고 있는 듯한 기분이 들었다.

미국 대학원의 원서를 쓰거나, 학원에 다녀오는 길에 강남역 커피숍에서 삼삼오오 모여 대화하고 있는 사람들을 보면 나도 모르게 눈물이 났다. 커다랗고 무거운 백팩에 동그란 안경을 쓰고, 질끈 묶은 머리로 다니는 내 모습에 비해 멋지게 차려입은 내 또래의 청년들을 보면 부럽기도 하고 나 자신이 한없이 초라하게 느껴졌다.

'깜냥도 안 되는데 유학 준비를 괜히 시작했나?'

서러운 마음이 계속해서 들었다. '나에게 유학을 다녀온 언니가 있었다면, 가족 중 한 사람이라도 경험한 사람이 있었다면……' 그랬다면 직접 물어보고 많은 정보를 얻을 수 있었을 텐데, 내 마음 같지 않은 현실에 서러움의 눈물을 흘린 적도 참 많았다. 유학이 내 발목을 잡는다는 회의가 자꾸 들었지만, 한편으로는 이 고비만 넘기면 내 인생에 또 다른 기회가 찾아올지 모른다는 생각도 들었다. 그래서 포기할 수는 없었다. 이제 어떤 식으로든 결론을 낼 때였다.

산을 오르기 전,
모든 걱정은 산기슭에 두고 왔지

**내게 능력 주시는 자 안에서
내가 모든 것을 할 수 있다**

하버드와 같은 아이비리그 대학에서는 영어를 사용하는 4년제 대학을 졸업하지 않을 경우, 영어실력을 증명할 수 있는 토플(TOEFL) 시험을 제출해야 한다. 토플(TOEFL: Test of English as a Foreign Language)은 미국 교육평가원(ETS: Education Testing Service)에서 주관하는 영어 시험으로, 영어를 모국어로 하지 않는 학생들이 대학 환경에서 사용되는 영어를 얼마나 잘 사용하고 이해하는가를 평가한다. 미국 대학이나 대학원 진학을 희망하는 이들이라면 거의 필수적으로 치러야 하는 영어 시험이다. 기본적으로 아이비리그 대학교들은 자신의 학생들이 수업시간에 적극적으로 발표하고 참여하는 것을 중요하게 여기고, 그 외에 수업 과제에 따라갈 수 있는 학생을 원하기 때문에 영어가 자연스러운 학생을 원한다. 그래서인지 120점 만점에 100점을 넘겨야 하는 것이 지원 의무조건(required)이고, 심지어 하버드의 입학사정관은 학교 입학설명회(Open House) 때 방문했던 나에게 직접 이 사실을 강조했다. 그래서 그 기준 점수를 충족시킬 수 있도록 준비하였다. 토플은 3년 이상 공부했다. 공무원 시험을 준비하는 것도 아니고, 이 영어 시험이 뭐라고 3년이나 내 젊은 날의 시간을 사용해야 하는 걸까. 지금은 1, 2년이 길게 느껴지지만, 언젠가 내가 인생을 돌아본다면 20대의 3년은 그리 길지 않게 느껴질 것이라는 생각을 했다. 그래서 지하철에서도, 화장실에서도, 밥을 먹으면서도, 잠을 자기 전에도 읽기(Reading), 듣기(Listening), 말하기(Speaking), 쓰기(Writing) 과목을 쉬지 않고 공부했다.

읽기 영역은 단어를 많이 외우기도 해야 하지만, 단순히 번역을 한다기보다는 '이해(Comprehension)'를 해야 풀 수 있다. 처음에 나는 단순히 영어가 해석이 되면 문제를 잘 풀 것이라 생각했는데, 그 깊은 곳에 있는 저자가 글을 쓴 의미를 파악하는 것이 중요했다. 다시 말해, 누군가가 당신에게 이 책을 선물해준다면, "아, 나에게 이 책을 선물해주는구나"라고 생각하는 것은 번역과 같고 "아, 이 사람이 날 좋아하는구나"는 이해와 같다고 할 수 있다.

한 지문당 800-900자 정도 되는 대학에서 배울 수 있는 과목들인 역사, 문화, 예술, 과학, 철학, 심리학 등의 주제로, 한 시간 동안 지문 세 개를 풀어야 한다. 시험을 공부할 때는 문제집에 이리저리 체크를 하며 풀었는데, 실제 시험은 컴퓨터로 보기 때문에 아무런 표시도 할 수 없고, 읽는 데도 익숙하지 않았다.

문제를 풀 때도 출제자의 관점에서 생각했다. 분명 출제자는 수험생이 문제를 '틀려야' 성공(?)적인 문제를 만드는 것인데, 그러한 기술을 위해 영문학 박사학위까지 받은 사람들이 출제자로 선발된다고 하니 그들의 관점과 시각에서 문제를 분석하게 되었다. 위에서 언급한 것처럼, 영어를 하는 것과 문제의 질문과 의도를 파악하는 능력은 별개의 능력이다. 영어가 해석이 되어도 뜻을 잘못 파악하면 답을 맞힐 수가 없다. 오답노트를 만들어 내가 취약한 부분의 문제유형에 대해 집중적으로 공부했다. 한 지문을 보면서 모르는 단어가 하나라도 있으면 나를 자책하며 끊임없이 외웠다.

듣기와 말하기는 나에게 매우 어려운 과목이었다. 글자로 보면 아는 단어들도, 귀로 들으면 왜 무슨 말인지 모르겠는지. 토플시험을 공부하면서 영어가 '몸'으로 하는 영어와 '머리'로 하는 영어가 있다는 사실을 알았다. 28살에 처음 시작한 영어공부인지라, '머리'로 하는 영어는 무조건 외우고, 이해하려고 노력했다. 상대적으로 '몸'으로 하는 영어인 듣기와 말하기는 내가 어린 시절부터 익숙하지 않았고, 아무리 들어도 들리지가 않았다. 나중에 알고 보니, 어린 시절 1년을 영어 듣기나 말하기에 노출되는 것이 성인이 되어 몇 년을 어학연수하는 것보다 낫다는 것을 깨달았다. 어쩌겠는가. '듣기와 말하기'를 잘하기 위해서는 다시 태어나는 것밖에 방법이 없었다. 어차피 다시 태어날 수 없으니, 내가 할 수 있는 범위에서 최선을 다하자고 다짐했다.

그러던 중, 단순한 깨달음이지만, 우리가 '말할 수' 있는 모든 것은 다른 사람이 말해도 '들을 수' 있다는 사실을 깨달았다. 그래서, 일단 '말하기'로 했다. 아침에 일어나서 잠들기 전까지 혼잣말을 계속했다. 거울을 보면서도, '나는 지금 일어났어. 머리를 빗고 있어. 오늘 날씨는 어떨까? 이제 학원에 가야 해. 나는 영어가 너무 싫어. 그래도 해야 해.' 이런 식으로 중얼거렸다.

미국드라마 '프렌즈(Friends)'를 10번은 반복해서 본 것 같다. 중요한 것은 시즌 1의 1편부터 순서대로 차근차근 보면 안 된다는 것이다. 계속 다음 얘기가 궁금하더라도 한 편을 반복해서 봐야 한다. 한글자막이 없는 영어자막으로 된 드라마를 보며 손발이 오그라들었지만 내가 진짜 그 배우가 된 것처럼 감정 이입을 해서 발음이나 억양을 신경 써서 따라 했다.

가장 중요한 것은 바로 쉐도잉(shadowing)이다. 쉐도우는 한국말로 그림자라는 뜻인데, 그림자처럼 들리는 영어를 그대로 따라 하는 것이다. 요즘은 드라마는 물론, 영어 뉴스나 대학교 강의를 유튜브와 팟캐스트를 통해서 들을 수 있다. 강의들 중 토플과 연관되고 내가 부족한 부분인 천문학, 화학, 인류학, 고생물학, 심리학, 영미문학 위주의 강의를 듣고 바로 1, 2초 뒤에 따라서 계속 말을 하는 것이다. 물론 내가 말하는 단어가 틀릴 수도 있고, 잘못된 말일 수도 있다. 내가 말하고 있는 내용을 녹음해 내가 다시 들어보면 이게 영어인지 어느 나라 말인지 모를 때도 많았지만, 영어처럼 들릴 때까지 반복했다. 여러 개를 듣는 것이 아니라 적어도 10분 강의를 10번 이상 들었다. 그렇게 충분히 듣고 나서 스크립트(대본)를 보았다. 그러면 내가 특별히 안 들리는 단어나 연음 등을 찾을 수 있고, 체크를 했다.

영어 실력을 가장 빨리 늘리는 방법은 '내 수준에 맞는 강의'를 듣는 것이다. 내가 토플 80점이 되고 싶어서 80점 수업을 듣는 것이 아니라 현재 나의 실력이 60점이라면 60점 수준의 강의를 들어야 한다. 그리고 각 단계별로 차근차근 실력을 향상시켜야 한다. 무턱대고 100점을 넘어야 하니까 100점을 맞을 수 있는 교재들을 사서 풀다 보면 많이 틀리고, 그러다 보면 의욕이 사라지고 위축될 수 있다. Step-by-step. 나의 영어상태에 따라 필요한 것이 달라질 수 있다. 특히 토플시험은 듣고, 읽고, 말하기. 또는 읽고, 듣고, 쓰기 등 종합적으로 영어실력을 판단하는 경우가 있어 어느 한 과목을 잘해서는 점수를 올릴 수 없다.

마지막으로 글쓰기는 내가 제일 좋아하는 과목이었다. 내 생각을 다른 나라의 언어로 표현한다는 게 얼마나 멋진지. 하지만 문법도 잘 모르고, 문법을 알아도 바로 적용이 안되었다. 가장 큰 문제는 나는 한국식 교육이 익숙해 중요한 내용을 나도 모르게 마지막에 결론 내어 글 쓰는 습관이 있었던 것이다. 미국은 철저히 두괄식이다. 'I love you, 나는 사랑한다 당신을' 동사가 항상 먼저 나오기 때문에 한 문장을 들어도 무엇을 할 것인지를 안다. 몇 단락으로 구성된 글도 마찬가지다. 토플 라이팅은 서론(Intro)에 나의 주장이 있고, 본론(Body)에 내가 그 주장을 하는 근거를 2-3개 들어야 한다. 근거는 아주 구체적이어야 한다. 마지막으로 결론(Conclusion)에 다시 한번 내가 앞서 말한 주장과 근거를 다시 정리해서 보여줄 뿐이고, 앞에 언급되지 않았던 말을 새로 넣으면 횡설수설한 글로 평가한다. 게다가, 30분이라는 시간에 500자가 넘는 글을 컴퓨터로 쓰려다 보니 오타가 자주 났다. 어느 날 영어 선생님께 '제가 시간을 갖고 쓰면 잘하는데, 제한된 시간 내에 하려니 실수가 너무 많아요'라고 엄살을 피운 적이 있다. 그 선생님께서 '실수하지 않는 게 실력이에요'라는 말씀을 하셨다. 나는 부끄러워 얼굴이 화끈거렸다. '나는 원래 잘하는 사람인데 시험에 약하다'고 스스로 위안 삼았던 것이다. 시험공부를 하는 내내 생각했다. '실수하지 않는 게 실력이다. 실수하지 않는 게 실력이다.'

시험을 준비할 때는 내가 마치 피겨선수 김연아라도 된 것처럼 철저히 관리했다. 시험 몇 주 전부터는 음식도 가려서 먹고, 시험시간인 오전 10시부터 오후 2시까지 최상의 컨디션을 만들기 위해 노력했다. 시험장에 가는 날에는 그날 입을 편한 옷과 간식들을 챙겼다. 누가보면 사법고시라도 보러 가는 사람으로 볼 수 있을 정도로 신경을 썼다.

GRE(Graduate Record Examination)의 경우에는 미국 대학원 진학에 필요한 수능시험 같은 것으로 과목은 언어(Verbal), 수리(Quantitative), 논리분석작문(Analytical Writing)이 있다. 미국 대학을 나오는 학생들도 봐야 하는 시험이기에 쉽지 않았다. 특히 GRE는 1년에 보는 횟수가 제한되어 있고, 가장 시험을 잘 보았을 때의 점수만 보낼 수 있는 것이 아니라, 지금까지 보았던 모든 과거 시험 점수들이 지원하는 대학원에 전부 보내지기 때문에 신중히 봐야 했다.

지금은 시험의 형태가 조금 달라졌지만, 내가 시험을 봤던 2010년에는 단어를 많이 외워야 했다. 강남 학원에서 수업을 들었는데, 김여진 선생님은 늘 나를 격려하시며 잘할 수 있다고 응원해 주셨다. 덕분에 나는 언어시험의 경우 만 개가 넘는 단어를 외우고, 전공별 논문들을 많이 읽어 익숙해지려고 했다. 나는 문과 출신인데 천문학, 지리학, 물리학, 인류학 등의 글을 영어로 보고 있자니 힘들었다. 지문이 길기도 하고, 질문 자체가 논리 구조를 묻는 시험이라 솔직히 말해서 한글로 지문을 다 바꾸어 놓아도 풀 수 없을 수준이었다. 생각해보니, 이 시험이 영어 시험이 아니라 미국인을 위해 만든 대학원 시험인데 그럴 수밖에 없었다. 빈칸을 2-3개를 놓고, 논리적으로 어울리는 단어들을 넣는 문제도 있었는데, 논리가 하도 많이 들어가서 어려운 지문은 철학시험인지 법학시험인지 모를 정도로 단어의 뉘앙스를 계산하고 분석해야 하는 상황이었다.

더 큰 문제는 수리였다. 어린 시절부터 수학을 잘하지 못한
다고 생각해 피했는데, 이렇게 끝까지 내 앞을 가로막을지는
몰랐다. 그러나, 원수는 외나무다리에서 결판을 내야 하는 법.
우선, 용어부터 외우기 시작했다. 사실, 수학 용어로 짝수, 홀
수, 교집합, 원기둥……. 이런 단어도 모르기 때문에, 수학과 관
련된 단어들을 모두 외웠다. 강남의 교보문고 서점에 가서 중
학교부터 고등학교 수학문제집까지 전부 다 산 것 같다.

20대 후반에 중학교 수학문제집을 풀다니. 서점의 청소년
문제집 코너에는 주로 학생들이나 학부모, 그리고 그들을 과외
하기 위한 내 또래의 선생님들이 문제집을 보고 있는 것 같았
다. 과외를 해도 모자랄 상황에 내가 그 문제집을 풀고 있다는
게 웃기기도 하고 비참하기도 했다. 문제집을 사서 교회 집사
님으로부터 매주 토요일마다 무료과외를 받았다. 너무 고마우
신 분이다. 주중에 회사 다니시느라 바쁘실 텐데 늘 웃으시며
나에게 수학의 원리를 가르쳐 주셨다.

그래도 어쩌나. 항상 나는 내가 '잘하는 것, 좋아하는 것, 해
야 하는 것'을 수첩에 분리하여 실행에 옮긴다. 이 세 가지가 다
를 수도 있고 같을 수도 있다. 나는 유학을 가고 싶기 때문에 유
학 준비는 좋아하는 것이지만, 영어는 잘하지 못한다. 게다가
수학은 좋아하지도, 잘하지도 않은데 해야 하는 것이다. 그렇
기 때문에 꼭 해야만 했다. 내가 수학을 포기하면, 짧은 인생이

치열한 시험공부의 흔적들

지만 지금까지 내가 살아오면서 쌓아온 정치경력, 사회활동, 학업이 전부 의미 없어진다는 각오로 임했다. 모든 것을 다 해놓고 수학 점수가 모자라 대학원에 떨어지면 얼마나 억울하겠는가?

그렇게 하루에 3시간씩 자면서 4달의 시간 동안(한 달은 몸이 아파 제대로 공부를 못했다) 공부하고 본 시험에서 상위 8퍼센트의 점수를 받았다. 하버드의 경우 정해진 기준 점수는 없으나, 보통 상위 30-40 이내면 지원은 해볼 수 있다는 말을 들었다. 2010년, GRE 점수를 받고 바로 미국 대학원에 진학하리라 생각했지만, 예정에 없던 청년비례대표를 2012년에 지원해 다시 정당 활동을 하게 되고, 나의 유학계획은 잠시 뒤로 미뤄졌다.

실패해도 포기하지 마

**10년의 준비,
3개월의 원서접수**

공부하는 게 죽을 만큼 싫어도 앉아 있자고 마음먹었다. 남들보다 머리가 뛰어난 것도 아니고 눈에 띄는 특기가 있는 것도 아닌 내게 유일한 무기는 끈질기게 붙잡고 승부하는 것뿐이었다. 20, 30대에는 1, 2년이 굉장히 길게 느껴진다. 나보다 조금이라도 앞서가는 친구가 있으면 불안하기도 하고 나 자신이 한심해 보이기도 한다. 하지만 결과적으로 그 무기를 잘 활용해 합격의 기쁨을 누리게 되었다. 혹시라도 과거의 나와 비슷한 고민을 하는 이가 있다면 뛰어난 사람이 아니라도 공부는 엉덩이로 충분히 할 수 있는 것이니 나를 보고 용기를 내라고 말해주고 싶다. 용기란 두려움이 없는 상태가 아니라 두려움이 있어도 계속해 나가는 힘이라는 말을 들어본 적이 있다. 그 긴 시간 동안 끈질기게 공부할 수 있었던 건 어쩌면 간절함이 컸기 때문일 것이다. 내가 원하는 것이 있었지만 항상 내가 원하는 시간에 주어지지 않았음을 돌아보았고, 내 뜻대로 되지 않더라도 내 삶을 돌아볼 때 분명 더 좋은 것으로 주어지리란 사실을 의심하지 않았다. 그리고 그 믿음대로 시간이 흐르면 항상 처음 원했던 것보다 훨씬 좋은 것으로 내 삶이 채워져 왔음에 감사하게 되었다.

드디어 원서 접수가 시작되었다. 미국의 대학원은 보통 9월 초에 학교 홈페이지를 통해 원서 접수를 받고 12월이나 1월까지 접수 마감을 한다. 10년간 준비해온 유학을 이 3달 동안에 모든 서류를 제출해야 한다. 에세이나 이력서와 개인 정보 외에도 케네디 스쿨의 경우 총 14페이지의 원서를 작성해야 했다. 유학에 필요한 것들을 하나씩 준비해야 했다. 에세이, 이력서, 추천서 등을 준비해야 했는데, 각각의 양식에 맞게 다른 이야기를 하면서도, 결과적으로는 정은혜라는 한 사람을 전체적으로 그릴 수 있도록 해야 했다. 에세이의 경우는 입학사정관이 읽었을 때 눈물이 찔끔 나도록 쓰면 된다고 누군가 귀띔해 주었다. 준비하면서 정말 막막했다. 하버드에서 박사 과정을 하며『내려놓음』이라는 책을 쓴 이용규 선교사님의 말씀처럼 꿈을 향해 가는 길 가운데 여기서 시간 낭비만 하는 것 같았고, 무엇 하나 돌파하지 못한 것 같았다. 내가 예상했던 일은 하나도 이뤄지지 않는 것 같았고, 인생의 기회를 잃어버렸다고 느끼는 순간이 매일매일 찾아왔다. 그럴 때마다 마음속에서 '은

혜야. 너는 정말 최선을 다했는데 결과에 만족할 수 있겠니?'
하는 목소리가 들리는 것 같았다. 거기에 대해 나는 '그래. 이것
만으로도 충분해. 난 그저 이 시간을 즐길 거야'라고 대답하며
스스로를 위로했다.

그럼에도 불구하고 유학 준비를 하면서 급체해서 병원에 여
러 번 실려 가고, 신우신염과 편두통, 목 통증에 시달렸다. 스
트레스 때문에 새치도 더 늘어갔다. '공부하다가 죽는 거 아닐
까?' 하는 생각마저 들었다. 하지만 포기할 수는 없었다.

미국 대학원 입학에서 가장 중요한 것 하나를 선택하라고
한다면 나는 에세이라고 대답하겠다. 에세이 쓰는 게 정말 힘
들었다. 한글 버전으로 여섯 번, 영어로는 스무 번 이상 수정했
다. 내가 들어가고자 하는 대학에서 무엇을 배울 것인가, 그리
고 왜 그 학교여야 하는가, 대학원에 들어가서 어떻게 기여할
것인가, 이런 질문들에 대한 답을 차분하게 작성했다. 과하지
않게 적되 배우고 싶은 것과 교수님들에 대한 기대감을 잘 정
리했다. 짧은 인생이지만 큰 종이에 어린 시절부터 나이를 연
도별로 적고, 기억에 남는 일들을 정리했다. 관심 분야를 언급
하고 구체적으로 왜 케네디스쿨에서 공부하고 싶은지, 왜 정
책학인지를 진심을 담아 작성했다. 하지만 마음에 들지 않았
다. 내 생각과 삶을 에세이 형태로 정리하다 보니 스스로가 정
말 초라하게 느껴졌다. 나는 주변 사람들에게 조언을 구했다.
케네디스쿨에 연락해 재학생을 소개해 달라고 했다. 이메일

주소를 받아 연락했다. 하버드를 졸업한 사람들의 기사를 찾아 그분들에게도 이메일을 보냈다. 그 분들은 나에게 진심으로 조언해주었다. 하지만 한 번도 미국대학에 에세이를 써보지 않은 내가 하기에는 어려운 점이 많았다. 너무 외롭고 힘들었지만 누구에게 말할 수도 없었다. 그렇게 에세이 작성을 마치고 제출했지만, 그 후로도 몇 달 동안 에세이에 쓴 글이 생각났다. 이 단어는 쓰지 말걸, 이 표현을 추가할걸, 하는 아쉬운 마음이 떠나지를 않았다. 몇 달 간은 꿈에서도 에세이가 나왔다. 단어들이 내 머릿속에서 떠다녔다. 아래는 내가 최종적으로 제출한 에세이다.

Tell us how you will make change at the school, the community, and the world through your leadership and service.

Among many societal issues I have contacted as a female South Korean politician and grassroots community organizer, I am most passionate about the following causes: 1) building peace in the Korean peninsula by working toward reunification; 2) promoting social equality for the marginalized, especially for single mothers; 3) encouraging women leadership. I have extensively studied and researched these topics and moreover I have committed myself to furthering these goals as an acting member of the Democratic

Party since 2004. Below, I will elaborate on my past contributions to and my future aspirations for the above causes I believe in.

First, I have long cultivated an interest in inter-Korean relations. In graduate school, I came to a revelatory understanding about Korean politics: South Korea may be able to keep growing economically on its own, but without true reconciliation with North Korea, South Korean politics and society will remain stagnant. Moreover, without a true understanding of North Korea, Northeast Asian — and by extension, world — peace and security are at stake. For this I have run numerous reunification campaigns as an assistant director of Dajunda Lab by involving and inviting South and defected North Korean youth for an open dialogue about politics, culture, and society. It is crucial that the youth of both Koreas continuously communicate and build trust in preparation for reunification. In the future, I hope to adopt and expand Dajunda's model on a national scale, so that youth from both states can better understand each other and together pave a smoother road for reunification. I hope to be the bridge between scholars and politicians who dream of a reunified Korea — I will apply the diverse theoretical and practical knowledge of international relations and leadership acquired at Harvard to lead seminars and forums on the topic of Korean reunification.

Second, on the issue of social inequality, I have pushed for a revision of the single parent bill since 2012, specifically on issues of educating and employment. However, the proposed revision has not been passed and is still pending. One of the biggest challenges, in retrospect, was marrying my idealism and the reality of revising and implementing policy. At HKS, I would like to study policy making so that I will become more fluent in the art of writing realistic policies that provide protection and security for the socio-economically marginalized, particularly for single mothers who currently receive limited legal protection and government benefits.

Lastly, my lifelong goal is to challenge gender discrimination in Korea. As a female politician, I have organized many panels and seminars on the topic of the role of women in the development of South Korea. Organizing and participating in these workshops, I vocally pushed for the inclusion of women's narratives in national textbooks on modern Korean history. In continuation of my previous work to give voice to the voiceless, I hope to study and research public policy measures that could tackle issues of gender discrimination and gender inequality.

Priceless gift is the meaning of my name. Sometimes, I think that it was random luck that I was born in South Korea. I could just as easily have been born north of the 38th parallel. I dream of giving back to the oppressed and underprivileged people in a unified Korea. In the meantime, I hope to hone my leadership and negotiation skills at the HKS. After completing the MPAII, I will, of course, run for the National Assembly election again. As a Congresswoman, I will listen to the needs of and implement policies to protect and support single mothers and marginalized people.

Why do you need a Harvard Kennedy School's two-year MPA? In other words, how will the school help you change the world?

I have visited Harvard Kennedy School three times in 2011, 2014, and 2015 from South Korea. On every visit, I was thoroughly impressed by the diversity of the HKS students and more importantly by the common goal that bound them together: *to make the world a better place.* I am eager to share my unique experience and perspectives - as a South Korean female politician - with the HKS community, and to learn from professors and fellow classmates. More specifically, at HKS, I would like to hone my leadership and negotiation skills required for excellent analyses, evaluation, and implementation of policy.

I feel a special connection to the HKS. On my previous three visits, I met with students, professors, and leaders from different nationalities and professional backgrounds. I still vividly remember the ambitious eyes of crimson-clad students, confidently discussing their dreams. Especially memorable were (*) and (*), who explained various programs and student activities on campus. Professor (*) wished for me to share my stories as a Korean politician with fellow HKS classmates in the future.

In addition to my deep personal connection with the HKS, I am drawn to the flexibility offered by the MPAII program, which will enable me to cultivate my interest and develop my expertise in policymaking. I would like to take Professor (*)'s course on negotiation, which I was able to audit on my visit in 2011. As a politician and policymaker, I have experienced the limits of dispute resolution resulting from poor negotiation and persuasion skills. A competent negotiator should be able to adopt varying and often conflicting perspectives. I anticipate that HKS will offer an invaluable opportunity for me to study the issues of inter-Korean relations, potential unification, and the implications on Northeast Asian relations from a more holistic and international angle. I look forward to inspiring discussions and debates in class with future international leaders to be.

Moreover, I would like to learn the fundamentals of public communication from Professor (*), whose blog I enjoy reading. My particular interest, via effective public communication, is to increase the awareness of gender discrimination in employment and education. At the HKS, I would meet other women leaders whom I could engage in discussions about encouraging women leadership and challenging gender discrimination.

I will be an active student on campus. One idea is to found a Korean forum club through the "Treks" program. I would like to expose and facilitate a better understanding of Korean politics and government to fellow HKS students who might be interested. I could organize visits to the National Assembly and Korean government agencies; I could invite Korean politicians and leaders to HKS forums on campus.

Although I quickly rose to a high-level political position as a comparatively early age, I could never quench my thirst for more learning. Rather than typically dreaming of a position of power that is bound to vanish in an instant, through my MPAII education at the HKS, I hope to acquire the skills and wisdom that will allow me to become a better politician and member of society who can make a lasting contribution to the world. I am thoroughly excited by the prospect of sharing my knowledge and political experience with fellow HKS classmates.

추천서는 누구에게 받을까?

내 삶의
증인들

다음으로 추천서를 받아야 했다. 추천서는 증인과 같은 것이다. 내가 작성한 이력서, 자기소개서가 사실이라는 것을 증명해주는 아주 중요한 서류였다. 먼저 생각나는 분들에게 연락을 드렸다. 연락드리기 전에 추천인들을 위해 간절히 기도했다. 추천인들은 보통 사회적으로 유명한 분들에게 받고 싶은 경우가 많은데, 실질적으로 나와 관계가 있고, 나를 잘 아는 사람으로 선정해야 한다. 내가 이력서나 에세이에 쓴 삶을 증언해줄 '증인'이기 때문이다. 세 명의 추천을 받아야 하는데, 각각의 추천인들을 통해 나라는 사람을 360도, 다방면에서 설명할 수 있어야 했다.

먼저 전 총리이자 당대표였던 이해찬 의원님을 만나러 갔다. 나를 민주당 최연소 부대변인으로 임명해주신 분이다. 보좌관을 통해 연락을 드리고 만나서 1시간 정도 이야기를 나누었다. 나의 경우 이해찬 전 대표님은 '민주당'에서의 나의 역할을 설명해주실 수 있는 분이라고 생각했기 때문에 내가 2004년부터 2015년까지 당에서 활동하며 인턴과 부대변인, 국회의원 후보까지 두루 거친 점을 기억해주시지 않을까 생각했다.

두 번째로 박원순 시장님의 추천을 받고자 했다. 시청 홈페이지에 있는 대표 이메일로 연락했다. 시장님은 공식 이메일을 실시간으로 확인하시는지 비서실을 통해 연락하는 것보다 더 빠르게 답장이 왔다. 내가 시장님을 선택한 이유는 '정당'에서의 역할보다 '정치인, 선거인'으로서의 정은혜를 기억하고 계실 것 같았기 때문이다.

세 번째는 문정인 교수님이었다. 교수님은 9월 8일, 내 생일에 추천서를 써주겠노라 확답을 주셨다. 최고의 생일 선물을 받은 기분이었다. 앞선 두 분이 나의 '정치적 커리어'의 증인이라면, 문정인 교수님은 내가 '학문적'으로 어떤 능력을 갖추고 있는지를 증명해줄 수 있는 분이었다. 교수님의 조교로 일하며, 특히 하와이대학이나 게이오대학과 같은 외국 대학에서 함께 진행한 영어 원격 수업에서도 조교의 역할을 수행하였기 때문에 그런 점들을 기억하고 계실 것이라고 생각했다.

세 분의 승낙을 받기까지 피가 마를 정도로 긴장되고 두려웠다. 그럴수록 겸손한 마음으로 기다렸다. 하지만 거기서 끝이 아니었다. 승낙을 받았다는 기쁨도 잠시, 불안한 마음이 다시 밀려오는 것은 어쩔 수 없었다. 이러한 분들의 추천서를 받고도 떨어진 사람들은 셀 수 없이 많았기 때문이다.

32살, 두 번째 국회의원 후보가 되다

묵묵히,
그러나 간절함을
담아

앞부분에 이야기했던 하버드대학교 합격의 감격적인 소식과 함께 나는 인생 두 번째로 비례대표 국회의원 후보가 되었다. 지난번보다는 앞선 순번인 16번이었지만 역시 당선 가능성과는 거리가 먼 번호였다. 그나마 2012년에 비례대표 27번을 받았던 순번이 앞으로 당겨진 것이 나름의 소득이라면 소득이랄까. 하지만 좌절할 시간이 없었다. 처음 비례대표 후보가 되었을 때나 지금이나 내 꿈은 같았기 때문에 최선을 다해야 했다. 첫 번째 비례대표 후보 연설 때보다는 경력도 이야기할 내용도 많아졌지만 간절함의 크기는 변함없었다. 첫 번째 연설과 두 번째 연설을 비교해보아도 내가 바꾸고 싶은 세상의 모습은 같았다. 같은 것이 좋은 것은 아니었으나 내가 꿈꾸는 세상이 참 멀리 있다는 생각이 새삼 들었다. 훗날 정말 국회의원이 된다면 꼭 내가 했던 말에 책임을 져야겠다고 생각했다. 내 자료 폴더 하나에 당당히 자리를 차지하고 있는 당시의 비례대표 출마 선언문을 옮겨본다.

저는 '지여인'입니다. 요즘 흔히 말하는 취업 시장에서 가장 낮은 가치 평가를 받는 '지방대, 여성, 인문계' 출신을 뜻합니다. 대학에서 성적우수 장학금을 받으며 학과 수석으로 졸업하고, 전국 대학생 모의 유엔, 부산시의회 인턴 등 제 꿈을 향한 다양한 활동을 했지만 졸업 후 사회에 나온 저는 그냥 '지방대 출신 여자'였습니다.

저는 어린 시절부터 10대 미혼모, 노숙자, 혼자 사는 외로운 어르신들과 함께 자랐습니다. 부모님께서 사비를 털어 그들을 경제적, 정서적으로 지원하셨고, 덕분에 저는 몇 년 전까지도 반지하에서 여섯 명의 가족과 함께 살았습니다.

14살. 새엄마의 손에 이끌려 술집에 팔려 가 아버지도 모르는 아이를 임신하고, 아홉 번의 낙태 후 또다시 출산을 기다리는 제 또래의 친구들이 있었습니다. 우리는 반지하에 살았지만, 부모님은 버림받은 그들을 위해 2층에 집을 마련하셨습니다. 보호자를 대신해 저도 그들의 출산과 양육에 필요한 상담과 도움을 주었습니다. 이러한 절망적인 상황에서 한 달에 40만 원 정도의 정부 지원금이 큰 도움이 되고 있다는 것을 알았습니다. 그 돈으로 분유와 기저귀를 구입하며 아이를 포기하지 않고 살아갈 용기를 얻는 친구들을 보며, 국가의 작은 정책이 도움이 간절한 사람에게는 생명줄과 같은 것이라는 사실을 실감했습니다. 저는 '실질적인 정책의 힘'을 목격하며 자랐습니다.

'배워서 남 주고, 돈 벌어서 남 주라'는 부모님의 가르침을 받고, 중고등학교 시절 줄곧 반장과 학생회 부회장을 하며 리더십을 키웠고, 미혼모를 포함한 소외된 사람들의 소리를 직접 듣고 그들을 대변할 정책을 통해 세상을 변화시키는 꿈을 키워왔습니다. 대학을 선택할 때 학교가 아닌 '전공'을 중심으로 찾아보았으며, 오랜 역사와 전통이 있는 신라대학교(구 부산여자대학교)에 진학했습니다. 부산에서의 삶은 저에게 더 큰 어려움과 시련의 시간이었습니다. 형편이 어려워 월세가 6만 원인 쪽방에서 연탄을 때고 차가운 물에 샤워를 하며 살아야 했습니다. 학교를 다니며 쉬는 날도 없이 하루에 7시간씩 커피숍에서 빙수, 파르페 등의 음료를 만들었습니다. 사실 대학에 들어와 공부를 열심히 했던 것은 등록금을 내지 못할 경제적 상황이었기 때문에 성적 장학금을 받기 위함이었습니다.

저는 학력 세탁을 했습니다.

수석으로 학부를 졸업하고, 제가 꿈에 그리던 연세대학교 대학원 정치학과에 합격하게 된 것입니다. 지방 사립대학교에서 합격한 사례는 드문 일로 알고 있습니다. 또한 타 대학 출신으로 문정인 교수의 연구 조교가 되었습니다. 제 꿈인 정치인이 되기 위해서 국민들에게 '신뢰'를 주어야 한다고 생각해 더 많은 공부를 하게 되었습니다. 학교가 신뢰를 보장하지는 않지만, 신뢰의 한 요소가 될 수 있다고 판단했습니다. 김대중 대통령께서도 대학을 졸업하지 않으셨지만 끊임없는 배움으로 수많은 박사 학위를 갖고 계시며, 미국의 버락 오바마 대통령 또한 잘 알려지지 않은 칼리지에 2년간 다니다가 뉴욕의 컬럼비아대학으로 진학했고, 이후 하버드 로스쿨에서 수학함으로써 국민의 신뢰를 받았습니다.

이런 '스펙 쌓기'는 저의 꿈을 위한 시간이었습니다. 제 미래를 위한 준비였음에도 불구하고 괴로운 시간이었습니다. 아르바이트가 끝나거나 도서관에서 집으로 돌아가는 길에 커피숍에 모여 수다 떠는 친구들이 부러워 남몰래 눈물을 흘리기도 했습니다.

하버드 대학원을 준비했습니다.

반기문 총장이 졸업한 하버드 케네디스쿨에 진학해 전 세계 리더들과 만나 배우고 싶었습니다. 주어와 동사도 구분하지 못하는 저였지만 미국 대학원 입학시험에 꼭 필요한 토플과 GRE 시험에 도전했습니다. 부족한 실력에 점수가 잘 나오지 않아 꾸준히 토플 시험에 매진했고, 우리나라의 수능과 같은 GRE 시험 성적을 위해 중학교 수학부터 다시 공부해야 했습니다.

어학 능력이 크게 부족했기 때문에 입학 조건에 맞는 토플 성적 달성을 위해 무려 8년이란 긴 시간이 걸렸습니다. 끝내 해내리란 집념 하나만 붙들고 있었습니다. 8년 동안 공중으로 날린 고액의 응시료는 시험을 치르는 동안 내내 신용카드 고지서에 차곡차곡 쌓여갔습니다. 그리고 끝내 하버드대학에 진학할 수 있는 점수를 획득한 날, 감사의 기도를 온종일 드리기도 했습니다. 미국 학생들도 봐야 하는 GRE 시험에서는 상위 8퍼센트를 달성해 상상도 못 할

더불어민주당 청년비례대표 예비후보

정은혜

저 한사람 국회의원 된다고
청년문제가 해결되지 않는다는 것을
잘 알고 있습니다.
두렵지만 함께 간다면
어려운 길은 아닙니다.

함께 동행해주십시오.

저는 준비되고 검증된
청년비례대표 후보
정은혜입니다!

2016년, 32살 국회의원 선거

높은 점수를 받았습니다.

이런 노력을 쌓고 쌓은 지난겨울, 어렵게 달성한 영어 점수와 정당에서의 경험, 박원순 시장님, 이해찬 대표님, 문정인 교수님의 추천서를 받아 하버드 공공정책대학원(케네디스쿨) 석사과정과 뉴욕대학교(NYU) 와그너스쿨에 지원하였으며, 두 곳 모두 합격 통지를 받았습니다.

저의 꿈을 향한 스펙 쌓기였음에도 불구하고 막연한 미래에 불안해하며 초조한 시간을 보냈습니다. 자신의 꿈조차 정하지 않고 그저 남들이 하니까, 세상의 기준에 맞추기 위해 다람쥐 쳇바퀴 돌듯 움직이는 요즘 청년들의 고통은 이루 헤아릴 수 없을 것입니다. 하지만 이런 경험들 때문에 저는 그들의 고민과 현실을 누구보다 잘 알고 대변할 수 있다고 생각합니다.

저는 겁이 많은 사람입니다.

하지만 두려움이 닥쳐오더라도 회피하지 않고 그에 맞서 왔습니다. 두렵고 겁이 나도 해야 할 일은 해야 한다고 생각하는 사람입니다. 두렵다고 주저앉으면 아무것도 변화시킬 수 없기 때문입니다. 저에게 있어 최악은 불합격이나 탈락이 아닌 포기하는 것입니다. 지난 19대 총선에서 400명 가까운 이들과의 경쟁을 뚫고 마지막 4인에 오르기도 했지만, 비례대표 27번을 받고도 당선되지 못했습니다. 그러나 저는 그 모든 경험을 통해 민주당의 청년 정치인으로서 더 준비되고 성숙한 모습이 되었다고 생각합니다.

저는 준비되고 검증된 청년 비례대표 후보 정은혜입니다.

저의 경험을 바탕으로 아프고 힘들어하는 청년들, 아무리 발버둥쳐도 단 한 번의 기회조차 얻기 힘든 청년들, 자신이 어떤 일을 하고 싶은지에 대한 고민보다는 사회가 만들어놓은 기준에 자신의 삶을 빡빡하게 맞춰 일생을 보내야 하는 청년들을 위해 일하겠습니다. 남을 밟고 올라서야만 생존할 수 있는 사회가 아닌, 지극히 평범한 사람들이 주인공이 되는 대한민국을 만들겠습니다.

상임위 활동과 더불어 청년에게 필요한 세 가지에 대한 지속적인 캠페인과 법안을 제출하겠습니다. 첫째(LOVE), 청년의 결혼과 출산에 대한 분유, 기저귀, 생리대의 세금을 낮추거나 면세해 부담을 줄이겠습니다. 둘째(LABOR), 세금처럼 내는 불필요한 토익세를 없애도록 노력하겠습니다. 표준 이력서에 영어 점수, 부모의 직업, 사진 등을 기입하지 않아도 되게 하며, 표준 이력서를 채택하는 기업에게 세금 혜택과 면세를 유도하겠습니다. 남편의 육아휴직이 가능하도록 사회적 인식 전환 캠페인을 주도하겠습니다. 마지막으로(LIFE) 앞서 언급한 드림 빌리지 이외에 셰어하우스(한 지붕 세 가족)와 기존의 임대주택 건설이 아닌, 임대주택 리모델링을 통한 주거를 확보하겠습니다.

당내 청년과 관련해 청년정치아카데미를 정기적으로 주최하고, 당내 청년연설대전을 위한 스피치 교육과 정책공모전으로 청년들이 직접적으로 훈련할 수 있게 하겠습니다.

저 한 사람 국회의원 된다고 청년 문제가 해결되지 않는다는 것을 잘 알고 있습니다. 다만 저를 시작으로 새로운 운동 집단과 재생산

구조를 확립해 청년에게 '통 큰 투자'를 할 수 있도록 최선을 다하겠습니다.

청년비례대표 공천 심사 때 나는 심사 위원들에게 이렇게 얘기했다.

'한국에서 나는 지방대를 나오고, 돈도 안 되는 정당 활동, 미혼모들을 돕는 쓸데없는 일을 하는 사람으로 보여졌다. 그러나 똑같은 나의 이력을 보고 세계 최고의 대학이라고 하는 하버드에서는 '네가 대가가 주어지지 않아도 가치를 따라 살아온 사람'이라며 인정해주었다. 나는 대한민국의 청년들이 이런 삶을 살길 원한다. 당장 눈에 보이는 학교, 연봉, 직업으로 평가받는 것이 아니라 자신의 꿈과 가치를 추구하며 살고, 그 가치에 따라 인정받는 삶과 사회가 되길 바란다.'

모든 게 처음

**낯선 곳에
홀로 남겨진
막막한 기분**

20대 총선이 끝나고 비례대표 순번이 16번이었던 나는 당선되지 못했다. 13번까지 당선이 된 것이다. 낙심하고 좌절할 시간도 없이 나는 바로 유학을 준비했다. 눈코 뜰 새 없이 바쁜 나날을 보내고, 드디어 미국으로 출발하게 되었다. 2016년 6월 13일, 장시간의 비행 끝에 공항에 내렸을 때 나를 맞이하는 보스턴의 날씨는 천국이 따로 없었다. 개강은 9월 초, 오리엔테이션은 8월 마지막 주로 예정되어 있었지만, 미국에서 대학 생활을 해본 적이 없는 나는 불안한 마음에 계절학기를 듣기 위해 두 달 정도 일찍 도착했다. 공항에 내리자마자 택시를 타고 전 세계에 걸쳐 체인으로 운영되고 있고 차이나타운에서 제일 저렴한 유스호스텔인 하이보스턴으로 출발했다. 택시 기사는 내가 한국에서 온 것을 알고 남북 관계, 북미 관계, 오바마 대통령의 외교 정책까지 많은 이야기들을 빠르게 쏟아냈다. 그분의 이야기를 들으면서 내가 미국인의 말을 알아들을 수 있다는 사실에 감격했고, 내가 정말 미국에 왔다는 사실을 실감할 수 있었다. 하이보스턴에서는 2층 침대가 있는 방을 여섯 명이 함께 썼고, 공동 샤워실을 이용해야 했다. 나는 그곳에서 이틀간 머물렀다. 합격하자마자 학교 기숙사를 신청했는데 경쟁이 심했다. 미국은 추첨으로 기숙사를 배정했다.

미국은 한인들을 중심으로 지역 커뮤니티가 활성화되어 있었다. 보스턴에는 '보스턴 코리아'라는 커뮤니티가 있는데, 그곳에 부동산 정보도 많이 올라왔다. 특히 한인들이 운영하는 하숙집은 방학이 돼서 학생들이 귀국하면 한 달에서 두 달 정도 다른 사람을 받는 경우가 종종 있었다. 제일 먼저 구한 곳은 매사추세츠공과대학(MIT) 인근의 한인 하숙집이었다. 방을 혼자 쓸 수 있고 시설도 좋았다. 그곳에 잠시 머물면서 집을 알아보기로 마음먹었는데 운 좋게도 하루 만에 집을 구했다. 보통 하버드 하면 보스턴(Boston)에 있을 거라고 생각하지만, 실제로는 케임브리지(Cambridge) 지역에 위치해 있다. 쉽게 말해 찰스강을 중심으로 강남 지역이 보스턴이고 강북 지역이 케임브리지라고 생각하면 될 것 같다. 같은 케임브리지라도 하버드 인근 지역은 상대적으로 땅값이 더 비싸고 건축을 할 때 기존 건축물을 함부로 부술 수 없어 100년이 넘은 아파트들이 즐비했다. 그래서인지 전반적으로 아주 고풍스러운 분위기를 풍겼다.

반면에 매사추세츠공과대학(MIT)이 있는 지역은 하버드에서 지하철로 두 정거장을 더 가야 했지만 새로 지은 아파트도 많았고 가격도 비교적 저렴했다. 한국에서도 늘 대중교통을 이용했던 나는 지하철을 타고 두 정거장 다니는 것쯤 아무 상관이 없었고, 결국 그곳에 있는 아파트를 구하게 되었다. 보통 방에 문이 없으면 원룸 개념의 스튜디오라고 하는데 방과 주방이 분리되지 않고 하나로 통일된 구조를 말한다. 학교 기숙사비보다 저렴했고, 비수기 때 간 덕분에 한 달은 무료로 지낼 수 있었다.

학교(Harvard Square)와 집(Kendall Square) 중간 역(Central Square Station)에 위치한 케임브리지 한인 교회(First Korean Church in Cambridge)가 있어 편히 다닐 수 있었고, 교회 근처에 한인 마트가 있어 고추장이나 된장 같은 식재료를 사서 집으로 돌아오곤 했다. 하지만 낯선 곳인 데다 미국의 시스템을 잘 알지 못했기에, 어렵고 막막한 일은 한둘이 아니었다. 서울에서 부산으로 유학(?)을 간 것과는 차원이 달랐다.

유창하지도 않은 영어로 전화를 걸어 전기를 설치하는 것은 특히나 힘들었다. 사람을 직접 대면하는 경우라면 영어를 잘 못하더라도 손짓, 발짓 등 보디랭귀지로 대화를 할 수 있었지만, 전화 너머에서는 내가 아무리 설명을 해도 상대방이 알아듣지 못하는 것이었다. 한번은 친구와 뉴욕에 뮤지컬을 보러 가기로 했는데, 공식 사이트에서는 정가로 사야 하는 반면 티켓을 되파는 사이트에 가면 훨씬 더 저렴하게 살 수 있어 그곳에서 표를 구매하기로 했다. 그런데 문제가 생겼다. 한 장 가격으로 두 장을 살 수 있다고 해 클릭하고 결제를 했는데 실제로는 두 장 금액으로 결제가 되고 티켓은 한 장만 구매하게 된 것이었다. 정말 내게는 피 같은 돈이었다. 분하고 떨리는 마음에 전화로 아무리 이야기를 해도 못 알아듣고 딴소리만 하는 것 같았다. 결국 은행에 가서 결제한 내역과 함께 티켓 구매 사이트의 내용을 사진 찍은 걸 보여주고 설명했더니 은행에서 돈을 돌려받을 수 있도록 해결해주었다. 은행에서는 잘못된 내용이 있으면 직접 연락해서 해결해줬는데 다 돌려받지는 못했지만 100달러 정도는 돌려받을 수 있었다. 이런 일을 겪다 보니 나 자신이 너무 초라하게 느껴졌다. 한국에서는 절대 실수할 수 없는 일이었는데, 왜 이렇게 바보가 된 것 같은지. 미국 생활이 처음이니 당연히 겪을 수도 있는 일이었는데 너무 속상하고 내가 실망스러웠다. 정말 공부 말고는 일상생활을 하는 부분에 있어 초등학생 수준밖에 안 되는 것 같았다.

한번은 집 문이 잠긴 적도 있다. 현관문을 닫으면 자동으로 잠기는데 그걸 모르고 문을 닫아서 밖에서 열 수 없었던 적도 있다. 지하철 표를 사는 데도 실패한 적이 많았다. 한 달 단위로 표를 끊는 시스템이 있는데, 7월 1일에 사야 한 달을 쓸 수 있다는 사실을 몰랐던 탓에 15일에 사면 다음 달 15일까지 쓸 수 있는 줄 알고 구입했다가 8월 1일에 표를 사용하지 못해 당황한 적도 있었다. 바보같이 2주치를 사면 되는 건데, 한국 돈으로

하버드를 다닐 때의 사진

10만 원이 넘는 금액을 그냥 날려버린 것이다. 이런 식으로 좌충우돌하는 나날이 이어졌다. 정말 그때만큼 나 자신이 초라한 적이 없었던 것 같다. 식당에서 음식을 주문할 때도 뭐가 뭔지 알 수 없어 다른 사람들이 많이 먹는 걸 보고 시켰다. 휴대전화 서비스에 가입할 때도 유심만 바꾸면 된다고 버라이즌(verizon)이라는 회사에서 알려주었는데 아무리 해도 안 되어 알아보니 한국 휴대전화는 원래 안 되는 거였다. 휴대전화도 기종에 따라서 미국 유심이 되는 것도 있고 안 되는 것도 있었다. 50달러를 주고 산 유심을 일회용으로 버린 것이다. 너무 막막하고 힘든 마음으로 학기가 시작될 때까지 버텼다. 그런데 정말 신기하게도 그때의 힘든 경험은 이후 친구들을 사귀는 데 큰 도움이 되었다. 8월부터 나와 마찬가지로 미국이 아닌 외국에서 온 친구들을 만나기 시작했는데, 나처럼 낯선 환경에서 애를 먹는 그들에게 이런저런 정보들을 알려주며 가까워질 수 있었던 것이다. 그렇게 뒤늦게나마 여유를 되찾고 공부할 수 있다는 사실이 참 감사했다.

아무것도 하지 않으면
아무 일도 일어나지 않아

내가 가장 좋아하는 책 속의 인물

엘리자가 말했어요. 세상은 생각대로 되지 않는다고. 하지만 생각
대로 되지 않는다는 건 정말 멋진 것 같아요. 생각지도 못했던 일이
일어난다는 거니까요!

_『빨간 머리 앤』중에서

세상에는 뛰어난 재능을 가진 사람이 정말 많다. 어느 분야에
든 본받을 만한 인물은 있고, 일일이 나열하기도 힘들 만큼 대
단한 이력을 가진 사람도 셀 수 없을 정도다. 하지만 그들 모두
를 제치고 내가 본받고 싶은 책 속 주인공은 바로 빨간 머리 앤
이다. 실제로 존재하지 않는 가상의 인물. 유명 만화의 주인공
이다. 주근깨투성이에 비쩍 마른 몸. 부모 없이 고아원에서 자
란 이 가상의 캐릭터가 나와 가장 비슷한 캐릭터인 것 같다.

만화를 본 사람이라면 누구나 기억하겠지만, 빨간 머리 앤이 초록지붕 집으로 입양되어 우여곡절 끝에 성숙한 여인으로 성장해간다는 이야기가 무척 감동적이다. 나는 빨간 머리 앤의 성장 과정을 보며 정말 많은 위로와 용기를 얻었다.

계절학기가 끝나고 드디어 케네디스쿨이 개강했다. 처음에는 나도 엄청난 노력을 통해 이곳에 왔다는 자부심을 갖고 있었고, 모든 것이 마냥 신기하고 새롭게 다가왔다. 하지만 한 달 정도가 지날 무렵 내 자부심은 어느새 쪼그라들어 자꾸 위축되기 시작했다. 나도 정말 열심히 노력해서 이곳에 왔으니 대단하다고 생각했는데, 다른 입학생들은 이미 내 노력에 견줄 수 없을 만큼 화려한 경력을 가지고 또 학위를 딸 필요가 없을 텐데 왜 여기 왔을까? 국제연합(United Nations, UN)이나 경제협력개발기구(Organization for Economic Co-operation and Development, OECD)와 같은 국제기구에서 근무하다 온 친구, 페이스북(Facebook)이나 구글(Google) 같은 대기업을 다니다 온 친구, 각 나라의 정부 기관에서 높은 직급에 있다가 온 친구 등등, 하나같이 이력도 화려했다. 그들을 보면서 난 속으로 너무 놀랐다. 위축되는 마음을 어떻게 할 수 없어 무엇도 기대해선 안 되겠다는 생각에 사로잡혀 있던 어느 날, 갑작스레 떠오른 인물이 바로 빨간 머리 앤이다. 정말 힘든 상황에서도 감사를 잊지 않고 지냈던 만화 속 주인공을 떠올리니 조금이나마 위안이 되었다.

나는 "동태가 되겠다"는 말을 입버릇처럼 한다. 동태는 명태를 겨울에 얼렸다 녹였다 반복하면서 만드는데, 그 과정이 꼭 시련을 겪으며 사람이 단련되어가는 상황과 비슷한 것 같아 쓰게 된 말이다. 돌아보면 내가 계획한 때에 되지 않았을지언정 내가 계획했던 것은 결국 다 이뤄졌다. 내가 계획한 방식과 시간대로는 아니었지만 내가 예상한 것 이상의 방식으로 더 적당한 시간에 계획한 것들이 이루어졌다. 그 과정을 겪으면서 나는 명태가 얼었다 녹았다 하는 과정을 반복하듯이 시련과 기쁨의 사이를 오락가락했다. 하버드에 진학하게 되어 기뻤으나 이내 좌절하고, 좌절했으나 또 기운을 차려서 남보다 더 열심히 노력하고 친구들과 어울리며 다시 기쁜 나날을 맞이할 수 있었다. 그런 과정을 반복하는 사이 나는 더 단단해졌고 웬만한 일은 금방 털어내고 일어나는 법을 배웠다.

만화 속 빨간 머리 앤이 그러했던 것처럼 긍정적인 방향으로 생각하고 내 삶을 이끌어왔다. 원하고 계획한 대로 안 되는 일이 있었지만, 그때마다 실패에 얽매여 주저앉는 대신, 다른 방법으로 또 다른 것을 계획했다. 모든 것은 선택이다. 돌아가더라도 혹은 시간이 걸리더라도 나는 어떤 선택을 할 것인가. 그 선택의 순간마다 나를 붙잡아준 나의 롤모델, 빨간 머리 앤이다.

기억나는 하버드 수업 1

비판적 글쓰기

작문 수업 시간에는 얼굴이 빨개지는 일이 많았다. 이 수업은 보통 나와 같은 외국인 학생들이 많이 들었는데, 수업이 시작되면 내가 제출한 작문을 포함한 모든 학생들의 작문을 강의실 중앙 화면에 바로 띄워서 하나씩 짚어가며 무엇이 잘못되었는지, 부족한 부분이 무엇인지 세세하게 지적하였다. 지금도 그 수업을 떠올리면 얼굴이 화끈거린다. 특히, 미국에서는 두괄식 구조가 사고의 기본이라서, 내가 배운 한국의 미괄식이 "틀린 것"이 되어버렸다. 예를 들어, "당신의 꿈이 무엇입니까"라고 누군가 질문한다면, "과학자입니다"라든지 "정치인입니다"라고 간략하게 서두에 질문에 대한 답을 먼저 이야기하고, 그 뒤에 이유를 설명해야 미국에서는 옳은 방식이다. 그러나, 한국말은 끝까지 들어봐야 한다고 하지 않던가. 답변이 마지막에 나오는 경우가 익숙한 나는 미국식으로 간단 명료하게 내 생각의 방식과 표현방법을 바꾸기 위해 끊임없이 노력했다.

매 수업 때마다 내 생각부터 고정관념까지 많은 부분이 다 발가벗겨지는 기분이 들 정도였다. 단어 하나를 통해서도 사람에게 숨겨진 부분들이 다 드러난다고 생각하니 그동안 내가 얼마나 무지하고 틀에 갇힌 사고를 하며 살아왔는지를 알 수 있었다. 정말 많은 지적을 받고 수정을 거치고, 그런 과정을 통해 다양한 경험과 경력을 가진 전 세계 인재들의 생각과 사고방식을 접할 수 있었다. 단순히 학문만을 배우는 것이 아니라 서로 다른 사람들의 경험과 지혜, 지식을 나눌 수 있는 자리였다.

글쓰기를 하기 위해서는 우선 많이 읽어야 했다. 교수님이 수업 말미에 특정한 책들을 지정하고, 그 책을 다 읽어 오라고 과제를 내줬다. 그리고 잠들기 전까지 읽으라고 하셨는데, 숙제로 내준 양을 보면 결국 잠을 자지 말라는 얘기나 다름없었다. 하버드대학의 경우 한 과목당 일주일에 200페이지 정도를 무조건 읽는다고 봐야 한다. 다섯 과목이면 무려 1000페이지. 일주일에 보통 1000페이지 정도를 읽었는데, 그때의 경험 덕분인지 국회의원이 된 뒤에 법과 관련한 방대한 자료를 굉장히 빨리 읽게 된 게 정말 큰 소득이다.

기억나는 하버드 수업 2

미국 대선의
여러 이슈들

미국 대통령 선거 수업은 해마다 있는 과목이 아니었다. 대선 시기에 맞춰 4년에 한 번씩 개설되는데, 내가 재학중이던 2016년 첫 학기에 미국 대통령선거가 있었기에 수업이 다시금 개설된 것이었다. 주제는 각 후보의 정책 등을 분석하고 통계나 각종 언론들을 분석하여 종합적이고 과학적인 선거 예측을 하는 것이었다. 데이비드 거건(David Gergen) 교수님이 지도하는 과목이었는데, 교수님은 수업에서보다 CNN 뉴스 등을 통해 더 자주 접할 정도로 유명한 분이었다. 아흔 명에 달하는 학생들이 스무 개 이상의 팀으로 나뉘었는데, 재밌었던 당시 대선의 결과를 예측한 팀 중에 트럼프(Donald John Trump)가 대통령이 될 거라고 예측한 팀이 단 한 팀밖에 없었다는 사실이다. Fivethirtyeight.com과 미국 전역의 대학교와 전문기관들의 여론조사를 토대로 다양한 결과를 예측해서 분석해 보았지만 힐러리 (Hillary Diane Rodham Clinton) 후보가 대통령이 될 것이라는 통계가 압도적으로 많았다.

그 당시의 선거는 정말 많은 주제를 가지고 두 후보가 싸웠는데, 인종차별과 외국인 차별, 여성차별, 미국인 일자리, 총기 소유, 무역적자, 건강보험(Obama Care) 등 수없이 많은 이슈들로 인해서 미국 전역이 반 토막이 났다.

우리나라와 투표 방식이 다른 것도 있겠지만, 결국 통계에는 드러나지 않았던 보수층이 선거의 판도를 완전히 뒤바꿔버렸다. 결국, 대통령을 올바르게 추측하는 데에는 실패하였지만, 나는 자료 찾는 일에 능숙해 인터넷에서 관련 기사나 대학의 연구 자료 등을 찾아 팀에 기여하였고, 다른 팀원들은 마치 인간 컴퓨터처럼 통계를 분석하여 힐러리의 당선확률을 계산했던 기억이 난다.

기억나는 하버드 수업 3

미국 외교정책의
리더십과 윤리

미국 외교정책의 리더십과 윤리 수업의 조세프 나이(Joseph Nye)
교수님은 국제관계학의 대가로 소프트파워(Soft Power)의 개념
을 만든 분이다. 소프트파워를 간단히 설명하면, 무력이나 경
제보복이 아닌 문화나 추구하는 가치들을 외교적으로 어필하
여 상대국들의 행동을 바꾸는 힘이다. 이 수업과는 반대로, 해
당 학기에 현실주의적 외교에서 세계적으로 유명한 스테판 월
트(Stephen M. Walt) 교수님의 국제 및 글로벌 문제: 개념과 적용
(International and Global Affairs: Concepts and Applications) 수업도 들었
다. 물론 국제관계 이론에 관한 수업은 한국에서 학부와 대학
원 때도 들었지만, 세계적으로 널리 알려진 두 교수님의 국제
관계를 바라보는 정반대의 시각들을 통해 균형을 잡고 나만의
시각을 만들려 노력했다.

조세프 나이 교수님은 80세가 넘은 노학자로, 분필을 든 손을 덜덜 떨며 수업을 진행했지만, 엄청난 지식과 지혜를 갖춘 분이었다. 한 번은 수업 중에 지미 카터(James Earl Carter Jr.) 대통령에 대해 준비해서 발표했다. 그날 수업 내용은 지도자와 윤리에 관한 것이었는데, 지미 카터 대통령에 관해 조별발표를 준비하다 보니 재임 시절이 우리나라 박정희 대통령 재임 시절과 겹친다는 사실을 가지고 발표를 하였다.

수업시간에 형성된 학생들의 여론에 의하면, 트럼프 대통령은 윤리보다 국익을 우선시하였고, 카터 전 대통령은 국익보다 윤리를 중요시하였다. 많은 학생들이 카터 대통령을 인권외교 대통령으로 알고 있었고, 나 또한 카터 전 대통령의 임기 이후의 삶을 보면 그렇다고 생각한다. 그러나, 한 가지 의문점이 드는 것이 있었는데, 카터 전 대통령은 당시 독재자였던 파나마의 마누엘 노리에가(Manuel Noriega)와 한국의 박정희를 다르게 대했다는 것이다. 노리에가에게는 독재를 하고 있으니 파나마 운하(Panama Canal)를 건설하는 데 있어서 혜택을 줄 수 없다고 하였는데도 불구하고, 박정희 전 대통령은 너그럽고 관대하게 대하면서 굉장히 좋은 관계를 유지했던 것이다. 그런 이유로 나는 카터 대통령이 생각한 윤리와 인권이란 "이익에 따라서 바뀔 수 있는 유동적인 것이 아닌가 의구심이 든다"라고 발표했다. 그리고 "박정희 대통령을 만나서도 독재에 대해서 지적했어야 하는 게 아닐까요?"라고 말하면서 발표를 끝냈는데, 내 발표를 교수님께서 굉장히 좋아하셨다. 빌 클린턴(Bill Clinton) 대통령의 자문을 할 만큼 현실 정치에 대해서도 박식한 분이었지만, 그것은 교수님이 말할 수는 없는 내용이었고 내가 한국인이기 때문에 할 수 있는 발표였다. 교수님께서는 "네 이름을 어떻게 발음해야 하나"고 물은 후, 교수님은 '은혜'라는 발음을 어색해하면서도 그날 수업 시간 내내 내 이름을 '은하이' 라고 다섯 번이나 부를 만큼 깊은 인상을 받으셨던 것 같다. 또한, 나와 같이 외국에서 온 학생들에게 당부하셨는데, 자신의 나라를 대표한다는 생각을 가지고 적극 참여하는 의무를 모두가 수행해달라고 하셨다. 심지어, "은혜 같이 학생들이 각 나라의 관점을 발표하지 않는다면 다른 학생들의 배움의 기회를 빼앗는 것"이라고 하셨다. 이렇듯 내가 발표한 사례를 거듭 언급하면서 수업시간 내내 뿌듯하였던 기억이 난다.

기억나는 하버드 수업 4

협상의
이론과 적용

이 수업은 재미있게도, 난감한 상황을 던져주고 사례별로 공부를 하게 했다. 사례는 주로 하버드 법학전문대학원(Harvard Law School, HLS)이나 하버드 비지니스스쿨(Harvard Business School, HBS)에서 직접 만든 것이었다. 교수님에게 직접 배우는 것도 있었지만, 학생들끼리 서로 배우는 게 참 많았다. 새로운 상황을 접하고 내가 어떤 조건으로 협상을 해야 하는지를 판단할 때, 함께 공부하는 친구들이 큰 배움을 선사해줬다. 협상과 관련해서 발표한 적이 있었는데, 아무래도 내가 속한 나라의 상황이 좋은 사례가 될 것 같았다. 북한과의 협상에서 북아일랜드 협정을 참고해 발표했다. 여러 선택지가 있었지만 협상 당사자들은 평화롭게 공존하는 것을 선택했고, 이 협정은 지금도 국제정치에서 아주 좋은 협상의 사례로 남아 있다. 나는 한국도 북한과 평화협정을 체결하고 공존을 도모한다면 미래를 위해 좋은 선택이 될 거라고 발표했다.

재밌는 개념 중에 앵커링(Anchoring)이라는 용어가 있다. 닻을 내린다는 뜻인데 배가 닻을 내리면 멀리 가지 못하고 주변만 맴돌게 되는 것에서 착안한 개념이다. 예를 들어, 협상을 할 때 상한선으로 10억을 제시하면 그보다 낮은 금액을 받을 확률이 크다. 또한, 바트나(BATNA; Best Alternative To a Negotiated Agreement)라는 개념은 "현재의 협상 다음으로 가장 좋은 선택지"이다. 간단히 말하자면, 내가 나의 중고 핸드폰을 파는 것을 여러 대리점에 문의해보니 어디는 28만 원, 어디는 22만 원, 또 어디는 32만 원을 주겠다고 했다고 치자. 중고 시장에 직접 팔면 38만 원을 받을 수 있는데 사기의 위험이 있다고 한다면, 중고 시장에 핸드폰을 파는 행위의 바트나는 32만 원을 주겠다는 대리점에 파는 것이다. 이 바트나의 존재를 이용한다면 상대방이 어디까지 양보할 수 있는지를 볼 수 있다. 국제 관계의 예를 든다면 미국과 북한이 마주 앉았을 때 매번 북한은 자주권을, 미국은 비핵화를 요구하며 협상에 난항을 겪었다. 하지만, 실은 그 두 가지를 제외한 다른 일들을 가지고도 얼마든지 창의적으로 문제를 해결할 수 있다는 얘기다. 두 가지의 선택지만 놓고 협상하는 것이 아니라, 각자가 어디까지 양보할 수 있는지를 현실적으로 판단한다면 더 좋은 차선책을 각자의 바트나 중간 지점에서 얼마든지 창의적으로 이끌어내고 공감을 이룰 수 있다는 것이다.

예로, 협상 수업에서 반을 두 개의 그룹으로 나누고, 교수님
이 그룹에게 가짜 돈을 준 적이 있다. 그리고 B 그룹에는 최소
얼마의 금액에 물건을 팔지 않으면 손실이 생긴다고 제시하였
다. 이제 두 그룹이 만나서 협상을 시작하면 당연히 협상이 진
전되지 않는 상황에 처해진다. A 그룹과 B 그룹은 서로의 사
정을 알지 못하고 공유해서도 안된다. A 그룹이 보유한 금액
은 15달러뿐이다. 하지만 B 그룹은 40달러는 받아야 본전이다.
돈이 부족한 A 그룹은 이런저런 협상을 시도하다가 중도에 포
기해버린다. 때로는 감정이 상하기도 한다. 그러나 문제를 해
결하지 못하고 감정만 격해지는 그룹들이 있는 반면, 문제를
아주 다른 각도에서 해결하는 창의적인 그룹도 있다. 어떤 그
룹의 구매자는 이 금액에 팔아주면 다음 거래 시에 다른 혜택
과 이익을 주겠다고 했다. 그러자 다른 팀의 판매자가 물건을
팔았다. 나중에 교수님이 왜 팔았냐고 물으니 다음 거래에서의
이익이 이번의 손실을 크게 상회하기 때문에 총이익이 올라간
다고 답변했다. 이런 식으로 협상을 통해 서로가 원하는 것을
조율하는 법을 아주 재미있게 배울 수 있었다.

기억나는 하버드 수업 5

미국 내 종교와
정치의 관계 수업

미국 내 종교와 정치의 관계 수업, 일명 종교 수업은 A학점을 받기가 굉장히 힘든 과목 중 하나였다. 나는 힘든 과정을 이겨내고 수강생의 30퍼센트 정도만 받을 수 있는 A학점을 받았다. 청교도들이 세운 나라이다 보니 미국의 근본 바탕에는 기독교 정신이 깔려 있다. 이 정신은 주일학교(Sunday School)를 통해 퍼지고 구현되었다. 그래서 미국에서는 교육기관으로서의 주일학교의 역할을 어느 정도 인정해주고 있다. 그러다 보니 국가에서 교회에 돈을 주어 각종 봉사나 운영을 지원해주는 경우가 많다. 한국 교회의 경우 세금 문제로 논란이 많지만, 미국 교회들은 성실하게 세금을 납부한다. 대신 국가는 교회가 좋은 일을 행하도록 보조해 주는 것이다. 내가 출석하는 교회에는 토요일마다 무주택자들(홈리스: Homeless)이 400명가량 모였다.

이들에게 식사를 제공할 때도 국가에서 다양한 정책을 통해 보조를 해줄 수 있다. 홀푸드(Whole Foods; 우리나라에서 롯데마트 정도의 인지도와 비슷한 마트)에 유통기한이 하루 정도 남은 음식들을 가져다주면 이 음식들은 바로 다음 날 홀푸드 자체적으로 또는 주변 교회에서 집이 없으신 분들(Homeless)에게 식사를 제공할 수 있었다. 기독교라는 것이 얼마나 문화적으로 깊이 들어와 있는지, 사회 전반에 영향을 미치고 있는지 알 수 있는 대목이다. 나에게 종교 수업은 개인적으로도 의미가 큰 수업이었다. 특히 사회뿐만 아니라 정치적으로도 기독교 성향에 따라 투표하는 정당이 명확히 구분되는 것을 볼 수 있었다. 기말고사는 보통 기말 페이퍼를 제출하거나 필기시험으로 치르지만, 교수님께서 학기 중에 백내장 수술을 하셔서 시험지를 읽기 힘든 탓에 구두시험으로 대체했다. 말하는 시험(Oral Exam)에 익숙하지 않았던 나는 수업시간에 필기하고 정리한 내용들을 거의 다 외워서 자연스럽게 말하는 연습을 해 시험을 보았고, 각고의 노력 끝에 A학점을 받을 수 있었다. 교수님이 학생들 앞에서 나를 "나의 최고의 학생"("She's the best I've seen")로 평가해주어 더욱 기쁘고 기운이 났다.

기억나는 하버드 수업 6

장애인 복지법과 정책 &
민주주의 속 시민 불복종

마지막 학기에는 그동안 듣지 못해 아쉬웠던 법 수업을 네 과목이나 들었는데, 그 중에 2가지를 소개한다면 "장애인 복지법과 정책"과 "민주주의 속 시민 불복종"이다.

마이클 스타인(Michael Stein) 교수님이 가르치시는 "장애인 복지법과 정책" 수업을 통해서 미국이 장애나 취약계층의 인권에 놀라울 만큼 많은 신경을 쓰는 나라라는 것을 깨달았다. 그럼에도 미국인들은 장애나 인권에 대한 자국의 의식 수준이 여전히 낮다고 평가한다. 특히 장애 아동들을 분리하는 대신 일반 학교에서 최소한의 보조(예: 보조교사 또는 글을 읽어주는 장비)만을 한 채로 비장애인 학생들과 어울리게 해야 한다고 믿는다. 특히, 미국은 IDEA 2004(Individuals with Disabilities Education Improvement Act of 2004)라는 법이 있는데, 각 장애인 학생이 원

한다면 비장애인 학교에서 맞춤으로 교육을 받을 수 있도록 하여 IEP(Individualized Educational Plan)라는 학교 내 위원회의 결정을 거쳐서 필요한 자금을 미국 정부에 요청할 의무가 있다. 만약, 학생이 필요로 하는 서비스를 정부로부터 요청하지 않는다면 교장부터 담당 교사까지 자격을 영구 박탈할 수 있고, 고의성이 보이면 징역살이를 할 수 있다. 이렇게 엄격할 정도로 법안과 정책을 만드는 것이 놀라울 수 있지만, 장애인을 고립시키는 게 아니라 구성원으로 어울릴 수 있게 해줘야 한다는 기본 인권의 측면에서 바라보면 이해할 수 있으며 어울려 사는 공동체 의식이 체계화되어 있다는 느낌을 받을 수밖에 없었다. 또 한 가지 인상 깊었던 것은, 임신한 경우도 장애로 봐야 하지 않느냐는 시각이 있다는 것이었다. 영어로 에이블(able)은 할 수 있다, 디스에이블(disable)은 할 수 없다, 라는 뜻이다. 그래서 장애인석을 디스에이블석이라고 한다. 우리나라에서는 노약자석이라고 하지만, 대부분 나이 든 어르신들만 이용하고 간혹 아무 문제의식이 없는 청년들이 앉기도 해 정작 자리에 앉아야 할 약자들이 밀려나는 경우도 많을 것이다. 만약, 미국의 디스에이블석을 한국에 그대로 가져온다면, 우리나라의 노약자석을 약자석으로 정정해야 할 것이다. 왜냐하면, 연세가 많은 어르신들 중에서도 건강한 분들은 있고, 오히려 사회적 편견을 야기하기 때문이다. 한 번은 학교를 가는데 나이 든 신사분이 있어 자리를 비켜드렸다. 그러자 그분이 오히려 나에게 앉으라고 했다. 자신은 보다시피 건강한데, 너는 공부하느라 힘들지 않냐고, 가방을 둘러메고 책을 끼고 있는 나를 오히려 배려해 주는 것이었다. 결국, 미국의 관점에서의 약자란 상황에 따라서 변할 수 있다는 것임을 깨달았다.

이 수업에서 아프리카의 백색병, 알비노(Albino)와 관련한 다큐멘터리를 봤다. 보는 내내 하염없이 울었던 기억이 난다. 알비노란 멜라닌 색소의 결핍으로 백색 피부를 가지고 태어난 아프리카 아이들을 가리킨다. 알비노 아이들의 팔다리를 잘라서 가지고 있으면 부자가 된다는 미신과 속설 때문에 이들은 아직도 살인과 차별을 경험하기도 한다. 알비노 아이들만 다니는 학교를 짓고 담장을 높게 세워서 외부인이 접근하지 못하도록 하는 것이다. 한마디로 이들을 격리해서 관리한 것이었다. 그럼에도 불구하고 밤에 몰래 아이들을 납치해서 팔을 자르는 경우가 다큐멘터리에 여과 없이 나왔다. 사람들은 알비노를 저주받았다고 꺼리면서도 자신들의 부를 위해 아이들의 팔다리를 잘라 암시장에서 팔기도, 또 가족의 유산으로 대대로 물려주기도 했다. 한 사람의 신체의 일부를 사물로밖에 보지 못하는 뿌리 깊은 문화-고정관념은 살인을 정당화하고 있었다.

이 수업에서는 한국의 장애인 등급제의 불완전함에 대해서 기말고사 논문을 제출했다. 우리나라의 경우 장애 급수에 맞춰 복지 혜택을 주는데, 실제 장애 정도에 따라 복지를 조정해야 한다는 것이다. 어떤 장애인의 경우 다리가 온전치 못해 휠

체어를 꼭 타야 하는데도, 장애 3급 판정을 받아 휠체어를 가지고 정부가 지원하는 택시를 탈 수 없는 경우가 생기기도 한다. 이렇듯, 우리가 앞으로 채워나가야 할 법의 허점들은 수없이 많다.

민주주의 속 시민 불복종 수업, 일명 "불복종" 수업에서 아서 애플범(Arthur Applbaum) 교수님은 재미있는 법의 허점들 소개했다. 수업시간에는 주로 하버드대학교의 교수였던 존 롤스(John Rawls) 교수의 정의론(A Theory of Justice)에 대해 공부하고, 이에 맞춰 현대 법을 해석했다.

예를 들면, 노예제가 폐지되기 전 미국에서는 법적으로 노예를 숨겨준 이를 신고·처벌하게 되어 있었다. 그런데 백인 주인이 노예를 숨겨준 경우에는 이를 처벌해야 하나? 또 다른 예로, 발작을 일으키는 소아마비 환자를 돕기 위해 불법 약물/마약을 줘야 하는가? 이러한 사례들은 법의 불완전함과 그로 인한 시민들의 불복종의 개념을 설명해주었다. 나는 기말 시험 때 우리나라에서 이슈가 되었던 베이비박스를 예로 다루었다.

어느 법이나 그렇듯, 오늘날 우리나라의 법은 불완전하다. 의도와 현실이 완전히 다른 경우가 있는데, 아이를 키울 여건이 안 되는 미혼모에 관한 법이 그렇다. 아이가 보육원이나 고아원에서 자라더라도 나중에 생물학적 어머니를 찾을 수 있도록 임산부가 자신의 정보를 기재하도록 법이 규제함으로써, 기록이 남는 것을 꺼려하는 미혼모들, 특히 10대, 20대 여성들은 오히려 불법적인 방법으로 낙태를 하거나 아기를 집에서 몰래 낳고 길에 유기하는 경우가 빈번히 일어나고 있다. 이런 상황에서, 베이비박스는 어떤 역할을 하게 되는 것일까? 관악구청은 베이비박스에 관련하여 소송을 걸었다. 베이비박스가 오히려 영아 유기를 부추긴다는 것이었다. 하지만 그렇게라도 하지 않으면 더욱 많은 갓난아기들이 잘못될 수 있다는 것이 나의 생각이다.

결국, 이 수업을 통해서 시민들의 불복종이 어떤 것인지를 명확히 깨달을 수 있었다. 수업에 참여하며, 훗날 나에게 책임과 권한이 있는 위치가 주어진다면 이런 사례들을 잊지 않고 현실에 잘 접목해봐야겠다고 생각했고, 사람은 이해의 폭이 커질수록 인격도 함께 성숙해지는 것이 아닐까 생각해보았다. 하버드에서 단순히 지식을 쌓는 데 그치지 않고, 이런 수업을 통해 나의 사고하는 방법과 남을 이해할 수 있는 능력 또한 갖추어진다는 걸 느꼈다.

기억나는 하버드 수업 7

리더십의 실천:

변화의 정치

하버드 케네디스쿨에서 아주 인상 깊게 들은 강의가 있다. 바로 리더십과 관련한 강의다. 이 강의는 리더십 분야에 세계적인 명성이 있는 정신과 의사이자 첼리스트인 로널드 하이페츠 (Ronald A. Heifetz) 교수님이 개설한 과목이다. 하이페츠 교수님의 수업은 졸업 직전 계절학기를 통해 들었다.

하이페츠 교수님의 수업을 듣기 직전 학기에 들어야 하는 수업이 있는데 그 수업에서 하루는 팀 오브라이언(Tim O'Brien) 교수님이 수업 시간에 1시간이 넘게 한마디도 하지 않았다. 그러나 누군가가 핸드폰을 보거나, 책을 펼치거나, 눈을 감거나, 천장을 보면 "수업에 집중하라"고 호통치셨다. 그때는 몰랐지만, 교수님은 침묵으로 인해서 생겨난 어색함을 각자 어떻게 해결하는지를 모두에게 보여주고 싶었던 것이다. 침묵이 이어지자

학생들은 당황했다. 뭐지? 왜 교수님이 한마디도 안 하시지? 그러다 잠잠하던 분위기가 이내 열띤 토론의 장으로 바뀌었다. 학생들 사이에서 이런저런 의견들이 나왔다. 한 친구는 교수님이 말도 한마디 안 하고 있는데 "우리는 여기에 배우러 왔지 시간 때우러 온 게 아니다, 이건 진짜 돈 낭비다"라고 말했다. 또 다른 친구는 교수님 편을 들기도 했다. 어떤 친구는 이 상황이 잘못된 거라고 이야기했고, 속삭이거나 혼잣말을 하는 친구도 많았다. 그런 반응들을 가만히 관찰하다 보면, 여든 명 정도의 학생들에게서 각기 다른 나라의 각기 다른 문화와 생각들을 접할 수 있었다. 크게 교수님을 무시하는 파, 교수님을 옹호하는 파, 무관심 파가 있다면, 그 세 부류 내에서도 각자의 이유가 달랐다. 어려운 가정 형편에 비싼 학비를 내는데 수업에서 배우는 것이 없다고 느끼자 화를 내기도, 슬퍼하기도 하였다. 또 다른 학생은 수업에 대해서 미리 알고 와서 이것 자체가 배움이라고 스포일러를 하는 학생이 있는가 하면, 교수님에게 잘 보이고자 교수님을 옹호하는 것처럼 보이는 학생도 있었고, 이 수업에 대해서 기대가 많았던 한 학생은 분을 주체하지 못하고 가방을 메고 문을 박차고 나가기도 했다. 불과 한 시간 정도가 지났을까. 한 히잡을 쓴 중동에서 온 여학생이 우리 모두가 하버드 학생이고 어른인데 신사 숙녀처럼 행동하자고 하였는데, 그 발언이 심히 못마땅했던 학생은 "네가 뭔데 그런 말을 하냐"라고 소리쳤고, 교실은 결국 아수라장이 됐다. 의도는 알 수 없지만, 중동의 여성은, "내가 미국에서 자란 백인 남성이었어도 나에게 그런 말을 했을 거냐?"라고 반문하며 수업이 끝났다. 나 또한 오해가 있는 것 같다고 중재를 하고 싶었으나, 언제부턴 가 손을 들고 서로 발언을 하던 수업 초반과는 달리 목소리가 큰 사람이 발언하는 상황이 되었고, 동양인 악센트가 있는 나의 발언은 아무도 들어줄 여유가 없었다.

이 수업을 통해서 학생들은 새로운 사실을 깨닫는다. 어떤 판단을 할 때 사람들은 대부분 자신이 살면서 경험한 것을 바탕에 둔다는 사실이다. 우리는 이런저런 결정을 내리고 이를 말로써 표현할 때, 자신의 판단에 따라 주체적으로 결정한 것이라고 느낀다. 하지만 곰곰이 따져보면 내가 살아온 삶에서 선택할 수 있는 답은 하나밖에 없고 그런 결정을 내릴 수밖에 없었던 거다. 수업에서의 설명을 빌려오자면, 마치 나의 경험은 나를 묶는 실이고, 수업에서 말하고 생각하는 나는 과거 경험의 꼭두각시인 셈이다. 주체적인 판단을 한다고 생각하지만 실이 이끄는 방향으로만 움직이는 꼭두각시. 모든 이가 각자의 실에 묶여 있다는 것을 이해하는 순간 비로소 리더를 할 수 있는 것이다.

예를 들어, 내 주변에 인종차별에 시달렸고, 취직에도 어려움을 겪었고, 부모가 당한 억울한 일들까지 다 아는 흑인 친구가 있다고 하자. 그 친구에게 "흑인들이 어려운 일이 뭐가 있어"라고 이야기하면 그 흑인 친구는 아마 큰 소리로 화를 낼 것이다. 그런데 그때 화를 내는 건 온전히 그 자신의 주관에 따른 것이 아니다. 그가 지금껏 보고 경험해온 천 가지의 굴레가 그를 짓누르는 것이고, 그렇게 행동하지 않으면 자신의 과거와 주변의 사랑하는 사람들을 배반하는 것이기에 그에게는 다른 선택지가 없는 것이다. 그런데 사람들은 소리를 지르는 그 한 사람을 핍박하게 된다. 수업의 전문 용어로 '암살한다'(Assassinate) 또는 '십자가형에 처한다'(Crucify)라고 하는데, 소리 지르는 한 사람만 없애면 우리 공동체가 편안해질 거라고 생각하게 되는 것이다. 저 사람만 죽이면 세상이 편해지지 않을까, 우리 방이 조용해지지 않을까, 수업이 더 잘 진행되지 않을까, 하는 생각을 하면서 그 입을 강압적으로 막아버리는 것이다. 무서운 것은, 그 사람 한 명은 수백만 명의 같은 생각을 하고 있는 사람들을(Faction) 대표하는 한 사람일 뿐이라는 것이다. 우리가 흔히 알고 있는 빙산의 일각(Tip of the Iceberg)이라는 표현도 수업 시간에 쓴다. 한 사람이 표출하는 행동에는 숨겨진 부분이 더 많다는 의미다. 자신이 가진 여러 가지 중에 극히 일부분만 보여준다는 것이다. 결국 내가 왜 그러는지, 저 사람이 왜 그러는지를 이해하는 게 리더십의 시작이라는 것을 교수님의 침묵을 통해 학생들 스스로가 깨닫도록 만드는 수업이었다.

우리는 흔히 문제 행동을 일으키는 한 사람만 없으면 괜찮아질 거라고 생각하지만, 실은 더 깊은 곳에 굉장히 많은 숨겨진 의미와 그럴 수밖에 없는 이유가 있을 수 있다. 겉으로 드러

나는 행동이나 현상에는 다 이유가 있다는 것을 깨달아야 하는 것이다. 그런데 한국 사회에서는 서로를 이해하려고 하지 않는 모습을 참 많이 보게 된다. 상대방을 이해하고자 하지 않는 것을 수업 용어로 "모면하기"(Work Avoidance)라고 하는데, 대표적인 모면하기는 상대방이 멍청하고 비도덕적인 사람이라고 판단하고 부르는 것이다. 나와 "다른 사람"을 "틀린 사람"으로 가정하는 순간, 각자의 마음이 편해지기 때문이다. 이렇게 핍박하는 사람이나 당하는 사람이나 상대방을 이해하려는 노력을 하지 않으면서 혼란스러운 상황이 계속 이어진다. 또 다시 수업의 용어를 빌리자면, 결국 무대 밖으로 나오지 못하고(Step on the Balcony) 무대(Stage) 위에서 전쟁을 하는 것과 다름없다. 그 상황을 벗어나 무대 밖에 서는 순간 모든 게 이해가 되는데, 무대에 발이 묶여 상황을 객관적으로 보지 못하는 것이 문제라는 것이다. 하지만, 대부분의 사람들은 평생을 무대 위 전쟁터에서 살다가 죽는다고 한다. 이 수업을 배운 나도 그럴지 모른다는 두려움이 있다.

교수님은 이후 다양한 사례를 들어 설명을 해주셨다. 내가 어떻게 작동하고 있는지 어떤 버튼을 누르면 어떤 반응을 하는지 모르는 상태에서 상대방을 대하면, 상대방도 나처럼 모른 채로 서로 부딪치게 되고, 예측할 수 없는 불쾌한 결과들이 나오는 것이다. 결국 상대방을 이해하려고 나서는 사람이 리더가 되는 것이고, 또한 자신을 온전히 이해하려고 노력하는 사람만

이 리더십을 발휘할 수 있다는 것이다. 지금의 한국 사회에 참 많은 통찰을 주는 수업이었다. 나 역시 리더를 꿈꾸면서도 스스로를 이해하려는 노력을 충분히 하지 않았다는 걸 이 수업을 통해 깨달았다.

하버드는 왜 세계 최고의 대학인가?

수업 중 맹장염으로
입원하다

1학년 2학기 때였다. 협상 수업을 듣는데 갑자기 왼쪽 아랫배가 쑤셨다. 수업 내내 아파서 병원을 찾았는데 배를 눌러보고 이런저런 검사를 하더니 맹장염이라고 했다. 결국 나는 입원을 하게 되었다. 한국과 달리 민간 의료보험 중심인 미국에서는 보험이 없으면 간단한 수술도 엄청난 비용을 지불해야 한다. 대학 수강 신청도 보험이 있어야 가능하고, 심지어 미국 각 주에서 요구하는 예방접종을 하지 않으면 입학 허가나 수강 신청이 불가할 정도로 건강에 대해 민감한 곳이 바로 미국이다. 정말 다행스럽게도 나는 학교보험이 있어서 바로 치료를 받을 수 있었다. 하지만 이 먼 곳까지 와서 왜 하필 맹장염에 걸렸는지 자꾸 내 건강을 탓하게 되고, 수업을 빠져야 한다는 사실에 기분도 울적해졌다. 힘들게 여기까지 왔는데 건강 문제로 또 뒤

처질지도 모른다는 두려움이 마음속을 헤집고 다녔다. 정말 공부가 내 길이 맞는가 싶기도 하고, 순간순간 다 버리고 도망가고 싶다는 생각마저 들었다. 이런 나와는 달리 다른 친구들은 왜 그렇게 여유가 있어 보였던지. 마치 태어날 때부터 이런 환경에 익숙했던 사람처럼 여유로워 보이는 친구들과 비교하니 내 자신이 더욱 초라해 보였다.

이런저런 생각을 하다 자괴감에 빠져 울적한 모습으로 병실에 누워 있는데 병원 전화기로 전화가 한 통 걸려왔다. 학교 행정 업무 담당자라기에 보험 등 행정 절차를 안내해주는 줄 알고 통화를 시작했다. 그런데 뜻밖에 그가 괜찮냐고, 유학생 아니냐고 물으며, "너 여기에 가족도 없지 않니? 필요하다면 널 돌봐줄 사람을 보낼게"라고 이야기했다. 그 뒤로도 그는 많이 아프진 않은지 계속 물어보아 주었다. 학교에서 나를 신경 써준다는 게 고마워 눈물이 났다. 당시 남편은 케네디스쿨 입학 전부터 계획된 스타트업을 진행하기 위해 한 학기 휴학을 하고 한국으로 잠시 들어갔기 때문에 더 외롭고 힘든 시간이었다. 전화를 끊고 나니 마음이 너무 따뜻하고 위로가 되었다. 내가 맹장염에 걸렸다고 하면 한국 학교에서는 과연 누가 연락을 해주었을까?

더욱 감동적인 일도 있었다. 입원하면서 수업을 세 개나 빠졌는데도 불구하고 각 과목 교수님들에게서 이메일이 온 것이다. 너와 함께했던 수업이 기억난다, 빨리 회복해서 함께 수업을 할 수 있으면 좋겠다, 건강 잘 챙기라는 내용이었다("We miss the days you were in class. Looking forward to seeing you back in class discussions when you're ready. Take extra good care of yourself!"). 가슴이 뭉클했다. 이곳은 사람을 먼저 생각하는구나, 하는 생각이 들었다. 공부나 행정적인 절차보다 사람이 우선인 이곳 시스템이 너무 부러웠다.

그곳에는 학교 병원이 잘 갖추어져 있다. 층마다 여러 개의 파트가 있다. 안과, 내과, 소아과, 그리고 산부인과 등이 있다. 그리고 학생들의 정신 건강을 담당하는 정신과도 있다. 한층을 전부 정신과(Mental Health)가 쓰고 있었다. 전 세계에서 최고의 학생들이 입학한 만큼 학업 스트레스도 높으리라는 사실을 학교는 이미 알고 있는 것이다. 그래서 학생들의 정신 건강에 대해서 굉장한 관심을 갖고 돌봐준다. 마음이 아픈 건 감기 같은 건데, 그걸 부정적인 시각으로 보지 않고 인정해주고 보듬어주는 이곳의 문화가 참 멋지다는 생각도 들었다.

러브스토리 인 하버드

너희는 시간을 낭비하지
않는구나

남편을 만난 건 오리엔테이션 때였다. 사실 만나기 전에 몇 번 통화는 했지만 너무 까칠하고 무뚝뚝해서 별로 친하게 지내고 싶지는 않았다. 혼자 유학 와서 의지할 사람 하나 없었던 터라 MPA 과정 92명 중 한국 남학생이 한 명 있다는 애기를 처음 들었을 때 얼마나 반가웠던지, 물어보고 싶은 것도 많았고 또 나름 의지하고 싶은 마음도 있었다. 하지만 전화로 이런저런 것들을 물어보는데 친절한 느낌이 아니었다. 뭔가를 이야기한 끝에, "그럼 8월 말에 봐요"라며 전화를 뚝 끊어버리는 것이 아닌가. 나중에 알게 되었지만 남편은 원래 메신저나 전화 통화를 오래 하는 스타일이 아니어서 더 길어지기 전에 끊었다고 한다. 남편이 휴대전화 없이도 일상생활에 아무런 불편함을 느끼지 못하는 사람이라는 것을 나는 교제하면서 비로소 알게 되

연애할 때와 혼인신고 당시의 사진(아직 결혼식은 올리지 못했다)

었다. 메신저에 안 읽은 메시지가 수백 개가 넘고 이메일도 잘 읽어보지 않는 사람이었다. 아무튼 그런 첫인상 때문에 더는 말을 섞고 싶지 않아, 오리엔테이션 때 영어로만 이야기했다. 알아듣든 못 알아듣든 그냥 막 영어로 이야기했는데, 단순한 남편은 그때도 '영어에 익숙해지려고 연습하나 보네' 정도로만 생각했다고 한다.

그런데 정말 인연이 되려고 그랬는지 아흔 두 명이나 되는 동기 중에 거짓말처럼 한국인은 남편과 나밖에 없었다. 시간이 지나고 서서히 경계심이 누그러지면서 우리는 조금씩 가까워졌다. 자연스럽게 만나기 시작했고, 전기세 내는 법, 숙소를 옮길 때 인터넷 설치하는 법, TV 설치하는 법, 문이 잠겼을 때 여는 법 등을 알려주던 남편은 어느새 나와 함께하는 시간이 많아졌다.

너희는 하버드 와서 시간을 낭비하지 않는구나("These guys don't waste time!")라고 친구들이 말했다. 여러 의미가 담겨 있겠지만, 아마도 2년이라는 시간 동안 인연을 만나고 공부까지 마친다는 것이 쉬운 일이 아니기 때문일 것이다. 나는 어릴 때부터 늘 미래의 배우자를 궁금해했다. 이전에도 잠시 스쳐 간 인연들은 있었지만 내 짝이라고 확신할 만한 상대는 만나지 못했다. 그렇게 서른 살을 넘기고 과연 내가 결혼을 할 수 있을까, 어쩌면 혼자 살게 될지도 몰라, 하고 생각했는데, 2년 남짓한 시간 동안 낯선 땅에서 내 인생의 반려자를 만나게 될 줄이야. 나보다 나이가 어린데도 항상 의젓한 모습으로 이끌어주는 남편을 만난 것이 참 감사하다. 덕분에 정말 알차게 대학 생활을 할 수 있었다. 유학을 마치고 돌아올 때 내 옆에 평생을 함께할 사람이 생겼다는 사실이 참 든든했다. 한국에 돌아와서도 남편이 없었다면 어땠을까 싶을 만큼 큰 위로와 의지가 되었다.

유학을 가기 전에도 나름 치열하게 내 삶을 낭비하지 않고 살았다고 생각했는데, 그 2년 동안 나는 공부도, 사랑도 열심히 하면서 이전보다 더욱 열정적인 시간을 보낼 수 있었다.

결혼은 '언제' 하느냐보다
'누구랑' 하느냐가 중요하다

내 평생의 반려자

어쩌면 두 사람만 한국인인 상황에서 다른 선택지가 없었기 때문일 수도 있지만, 어쨌든 남편과 나는 자연스럽게 만났다. 같이 다니다 보니 어느새 연인이 되었다. 우리는 함께 있을 때 진심으로 행복했다.

　남편에게 프러포즈를 받았던 때가 떠오른다. 당시 남자 친구였던 그가 하루는 뉴욕으로 여행을 가자고 제안했다. 보스턴에서 뉴욕은 5시간 거리인데 미리 버스를 예매하면 1-2만 원으로도 표를 구매할 수 있다. 뉴욕에 도착했는데, 남자 친구의 행동이 어딘가 수상했다. 갑자기 센트럴파크를 가자고 하더니, 마차를 타자는 등 뭔가 오락가락 정신없어 보였다. 하지만, 귀엽다고 생각했을 뿐 별다른 의심을 하진 않았다. 그렇게 하루를 마무리하고서 우리는 아주 근사한 레스토랑에 갔다. 나중에 알고 보니 남편은 거기서 내게 프러포즈를 할 계획이었는데, 그날이 토요일이라 그랬는지 벌써 다른 사람이 바로 앞 테이블에서 프러포즈를 하고 있었다. 그때까지도 눈치를 못 챘던 나는 그 모습을 보면서 정말 멋지고 로맨틱하다, 저걸 보고 나면 여기 있는 누구도 프러포즈는 못 하겠다며 눈치 없는 말만 계속 늘어놓았다. 남편은 얼마나 속이 탔을까. 지금 생각하면 너무 우습다. 그렇게 맛있는 식사를 마친 뒤 남자 친구였던 남편은 아주 유서 깊은 호텔 한 군데에 숙소를 잡았다며 나를 데려갔다. 별 다섯 개의 호텔이었는데 남편이 컬럼비아대학(Columbia University)에서 MBA 수업을 들을 때 그 호텔 회장의 강연을 들은 적이 있었다고 한다. 나중에 들었지만 당시 그는 프러포즈를 위해 호텔 회장에게 편지를 썼다고 한다. 당신 수업을 듣고 깊은 감명을 받았다, 내가 프러포즈를 하려고 하니 좀 도와달라, 내가 포인트로 싼 방을 예약했는데 와인 한 병을 서비스로 줄 수 있나, 이런 내용이었다. 그런데 뜻밖에도 편지를 받은 회장이 호텔 지배인에게 지시해 우리가 100달러 정도만 내고 2500달러짜리 방에서 묵을 수 있게 업그레이드를 해주었다고 했다. 눈치가 없던 나는 객실에 들어서던 순간까지도 바닥에 깔린 장미 꽃잎들을 보며 "너무 좋아, 여기 서비스가 왜 이렇게 좋아?" 하고 순진하게 물었다.

그때 뒤이어 들어온 남자 친구가 갑자기 반지를 내밀었다. 깜짝 놀라 어떻게 된 거냐고 물으니 그제야 자초지종을 설명해주었다. 그러고 나서 돌아보니 그동안의 남자 친구의 행동이 이해가 되었다. 갑자기 아빠 친구인 아는 아저씨를 만나러 가야 한다면서 도중에 사라지지를 않나, 혼자서 심각하게 있기에 무슨 일 있냐고 물었더니 아무 일 없다고 얼버무리질 않나, 그 모든 것들이 다 이 계획을 위해서였다는 걸 알고 나는 무척 감동을 받았다. 그는 나만의 특별한 반지가 있었으면 좋겠다고 스쳐 지나가듯 했던 이야기를 잊지 않고서 프러포즈를 위한 맞춤 반지를 준비해두었다. 심지어 내가 함께 듣는 수업 때 잠시 책상에 빼놓았던 플라스틱 도금 반지를 놓치지 않고 훔쳐 갔는데, 그것을 찾는다고 하니 남편이 "함께 찾아주겠다"라고 했던 뻔뻔한 연기는 아직도 아카데미상 후보감의 연기다. 훔쳐 간 그 반지로 반지 사이즈를 결정해 그렇게 프러포즈를 했다.

그렇게 프러포즈를 받고 나서 양가 부모님들의 허락을 얻었고, 서로 왕래를 하는 사이 가족들도 자연스럽게 가까워졌다. 우리는 한국에 들어와 정식으로 상견례를 했고, 다음 날인 7월 6일에 혼인신고를 하고 진짜 부부가 되었다. 남들처럼 결혼식을 올리지는 않았지만 지인들을 초대해 파티를 열고 축복 속에 부부의 인연을 맺었다. 나중에 졸업해서 결혼식을 하기로 했는데, 비록 아이가 생기는 바람에 못 하고 살게 되었지만 그럼에도 너무 행복하다고 말하고 싶다. 물론 서로를 이해하는 시간이 짧아 결혼 초기에는 전쟁이었다. 사랑해서 결혼했는데 왜 매일 싸울까. 조남주 작가의 소설 『82년생 김지영』에도 나왔듯이, 똑같이 학교에 가서 공부를 했는데 어느 순간 당연한 듯 밥을 하고 있는 나를 발견하기도 했다. 하지만 지금은 남편이 밥과 설거지를 전담하고 있다. 우리는 대화를 통해 서로가 잘하는 걸 하기로 정했다. 상황에 맞춰 역할을 반반씩 나누기로 했다. 그런 식으로 부족한 부분을 채워주면서 관계를 정리하고 나니 이후 결혼 생활이 너무 편했다. 결혼해서 독립하기 전까지는 충성의 대상이 부모였다면, 결혼한 후에는 배우자가 새로운 충성의 대상이 된다는 얘기를 들은 적이 있다. 나는 어린 시절부터 누가 내 짝이 될지 알고 싶었다. 30대가 되어서 주변에서 '결혼을 언제 하느냐?'라는 압박(?)이 있을 때, 당당하게 '결혼은 언제 하느냐보다 누구랑 하느냐가 중요하다'고 말했는데, 기다리길 참 잘했다고 생각한다. 서로에게 진심으로 충성을 바칠 수 있는 배우자를 만난 지금 누구도 부럽지 않을 만큼 행복하다. 내 인생의 평생 든든한 친구이자, 반려자이자 동행자인 남편을 만나 감사하다.

미안해,
엄마는 처음이라서

생명의 존귀함

2017년 늦가을 즈음 우리 부부에게 아이가 찾아왔다. 처음 임신 사실을 알게 된 건 보스턴 주변의 푸드 마켓에 가서였다. 각종 음식과 과일을 파는 재래시장 같은 곳이었는데, 갑자기 역한 쓰레기 냄새가 코를 찔렀다. '여기 음식 냄새가 너무 이상해….'라고 말하자, 이상하게도 남편은 맛있는 냄새가 난다고 했다. 콜라를 하나 사서 벌컥벌컥 다 마셨다. 임신했으리라고는 상상도 못 했던 터라 소화가 안 돼서 그런 거라고 짐작했기 때문이다. 그러다 혹시나 하는 마음에 임신테스트기를 사서 확인해봤다. 처음에는 한 줄이 나왔다. 일단 안심했는데 남편이 화장실에 가서 다시 확인하니 임신을 가리키는 두 줄로 바뀌었다.

갑자기 닥친 상황에 너무 놀라 어찌할 바를 모르고 서로 말없이 쳐다보았다. 일단 어떻게 할까 생각하다 병원 응급실을 찾아 임신이 맞는지 다시 확인해보기로 했다. 혈액 검사 후 결과는 임신이었다. 나는 아직 학생이고 모아놓은 돈도 없는데 이 아이를 책임질 수 있을까, 하는 생각이 가장 먼저 떠올랐다. 공부하고 미래를 준비한다고 이 먼 곳까지 왔는데 여기서 끝인 건가, 엄마로 평생을 살아야 하나, 하는 온갖 말도 안 되는 두려움과 상상이 나를 사로잡았다. 그때 남편이 갑자기 무릎을 꿇고 펑펑 울기 시작했다. 당신 머리가 복잡한 거 잘 아는데 그래도 우리 아이 꼭 낳아서 잘 키워보자고, 임신하고 출산하는 게 정말 힘들다는데 일단 아이가 태어나면 자기가 1년 동안은 열심히 키우겠다고, 울면서 말하는 것이었다. 남편의 눈물에 결심했다. 이런저런 생각은 잊고서 저 사람 믿고 낳아보자. 남편의 눈물과 진심 어린 말에 어떻게든 되겠지 싶어 낳기로 결심했다. 임신 사실을 알게 된 양가 부모님과 가족들은 진심으로 기뻐하며 우리 부부를 축하해주었다.

물론 임신한 채로 학업을 이어가는 것은 쉽지 않았다. 때로는 찢어지는 복통과 심한 두통 때문에 수업시간 중간중간 밖에 나와 잠시 앉아 있다 다시 들어가기를 반복했다. 하버드 수업이 1분에 몇 백불의 가치가 있다는데, 그 귀한 시간을 놓친 것 같았다. 배 속 아기를 탓할 수도 없어서 나 자신을 한없이 원망하며 울기도 했다. 남편은 그런 내가 안쓰러웠는지 아침마다 요리를 해주었다. 입덧을 하는 나를 위해 여러 가지 음식을 해

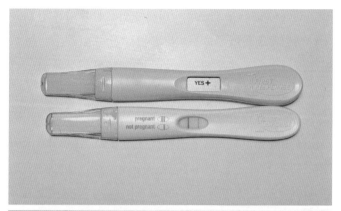

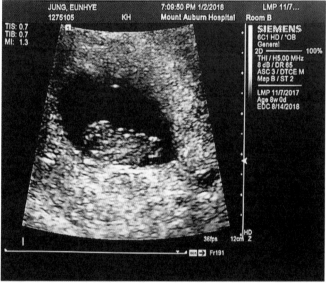

임신과 출산

놓고 골라서 먹을 수 있도록 배려해주었다. 몸이 아픈 건 나였지만 남편의 노력이 훤히 보이니 불평을 할 수 없었다. 나는 아이를 출산하는 날까지 입덧을 했는데, 남편이 나보다 더 심하게 입덧을 하기도 했다.

시간이 흐르고 출산일이 가까워져 병원에 입원했다. 의사와 간호사 일곱 명이 들어오고 이어서 나이가 지긋한 의사가 들어왔다. 그분은 내 손을 잡고 용기를 북돋워주었다. "당신은 훌륭한 엄마예요, 잘하고 있어요" 하고 거듭 이야기하면서 마음을 다독여주었다. 남편은 옆에서 내 손을 꼭 잡고 기도해주었다.

일련의 과정이 지나가고 갑자기 우렁찬 아기 울음소리가 터져 나왔다. 그 소리를 듣는 순간, 사람들이 왜 이 힘든 과정을 겪고도 둘째를 낳는지 알 수 있었다. 남편이 내게 무슨 느낌이냐고 물었는데, 나는 마치 죽어가던 부모님이 다시 살아 돌아오신 듯한 기분이라고 대답했다. 그렇게 아이를 품에 안고서 나는 말로는 표현할 수 없는 행복을 느꼈다. 물론 힘든 순간도 많았지만 딸을 키우면서 인생의 관점이 180도 바뀌었다. 부모의 마음이 어떤 것인지 조금은 알게 되었고, 아이를 위해서라면 목숨이라도 바칠 수 있다는 부모들의 말이 거짓이 아님을 알게 되었다. 그렇게 나는 내 딸 '시아'의 엄마가 되었다.

CHAPTER 4

잘 했 고,
잘하고 있고,
잘할 거야

하버드를 졸업하고 바보가 되다

**화려한
유학 생활 뒤
남은 건**

한국에 돌아온 후 우리를 가장 괴롭혔던 건 역시 돈 문제였다. 학자금 대출은 언제 다 갚을 수 있을지 짐작조차 되지 않았고, 기본적인 생활을 해나가기조차 빠듯한 형편이었다. 비어 있던 미혼모 쉼터에서 열흘을 머물다가 친정 부모님이 사는 집 아래 층에 집을 구하게 되었다. 아이를 키우는 데 꼭 필요한 물품을 구입하는 데도 적지 않은 돈이 들었다. 생활을 유지하기 위해 필요한 물건들은 10개월 할부로 구입하고, 돈이 생기면 그 카드를 막고 또 다시 할부로 물건을 사는 악순환의 연속이었다. 돈이 생기면 카드 대금으로 다 빠져나가 다시 돈이 부족한 상황이 반복되었다. 그러다 보니 자꾸만 비참한 기분이 들었다. 물론 나보다 더한 상황에 놓인 사람도 많고, 나 역시도 과거 이보다 더한 환경에서도 꿋꿋이 버텼지만, 그럼에도 책임져야 하

졸업행렬 중 찍은 사진: 세상을 바꾸라는 뜻으로 학교에서 지구본을 나눠줬다

는 아이가 있다는 사실은 또 다른 무게로 다가왔다. 좋은 학교에서 공부를 마치고 돌아왔는데 남은 것은 빚뿐이라는 사실이 쓸쓸했다.

이 책을 쓰기 위해 6개월이 된 딸을 어린이집에 보낸 적이 있다. 어린이집까지는 10분이면 가는데, 어느 날 문득 정신을 차리고 보니 나도 모르게 길을 몇 바퀴 빙 돌아서 가고 있었다. 내 마음 깊은 곳에서는 아이를 보내기 싫었던 것이다. 다시 고민을 거듭한 끝에 아이를 집에서 키우기로 결심했다.

나를 괴롭힌 또 한 가지는 아무도 나를 찾지 않는다는 사실이었다. 나를 필요로 하는 곳이 없어진 것 같아 참 힘들었다. 다시 정치를 할 수 있을까. 내 인생의 이력에 하버드라는 이름이 추가되었는데, 지금 나는 뭘 하고 있는 걸까? 그런 생각이 자꾸 머릿속을 맴돌며 나를 힘들게 만들었다. 그렇게 나는 조금씩 내려놓는 법을 배웠다. 돌아보면 내가 원하던 것들이 꼭 내가 원하는 때에 이루어진 건 아니었다. 내가 준비하고 계획했던 일들이 원한 바대로 이루어지지 않았더라도, 전혀 예상치 못한 방식으로 그 결실을 맺곤 했던 것이다. 그렇게 생각하니 마음을 추스르기가 한결 쉬웠다. 나는 짧은 삶이지만 나름의 경험을 책으로 써보기로 결심하고, 용기를 내어 사람을 만나기 시작했다. 그렇게 모든 걸 내려놓은 어느 날 전화가 왔다. 비례대표 의원직을 승계하게 되었다고.

그렇다. 마음을 비우고 지금의 나를 있는 그대로 받아들이자 또 다른 기회가 열렸다. 화려한 유학 생활 뒤 내게 남은 건 빚밖에 없다고 생각했지만, 사람들의 관심에서 벗어나 홀로 조용히 지내는 동안 가족의 소중함을 알게 되었고, 딸아이와 더 오붓한 시간을 온전히 보낼 수 있었고, 또 이전에는 미처 생각하지 못했던 여러 가지 문제들을 고민하는 시간도 가질 수 있었다. 무의미하게 흘러간다고 생각했던 그 시간들은 결국 내가 한 발 더 나아가 성숙해질 수 있는 시간이 되었다. 참 감사하다.

어디에 살아야 하나요?

보금자리 찾기

유학을 마치고 한국에 돌아와 정말 힘들었던 또 한 가지는 바로 집 구하기였다. 이 넓은 세상에 우리 가족이 오붓하게 살 수 있는 집 한 채 구하기가 이렇게나 힘들 줄이야. 아버지가 운영하던 미혼모 쉼터가 잠시 비어, 열흘간 짐도 풀지 못하고 그 곳에서 지냈다. 이후 우여곡절 끝에 내가 학창 시절을 보내고 지금도 우리 부모님이 살고 계신 건물 내에 집을 구할 수 있었다. 집 문제 하나만 잘 해결되어도 인생이 한결 수월하게 흘러갈 텐데…. 집은 정말 중요한 것이라는 사실을 새삼 깨닫게 되었다. 뭐든 겪어보기 전에는 알 수 없는 것이었다. 신혼부부 청약 주택을 신청하려 했지만, 운 좋게 청약에 당첨되더라도 아파트의 비용이 5억, 7억씩 하는 곳에 들어갈 수 없었다. 전액 대출이 된다 한들 어떻게 그 돈을 다 갚을 것인가? 대학교 1학년 때 판

잣집과 고시원에 살면서도 이렇게 힘들지는 않았는데, 나 이외의 생명을 책임지는 사람으로 입장이 바뀌게 되니 집이라는 문제는 정말 예전과 비교도 할 수 없을 만큼 중요한 것이 되었다. 주택청약에 당첨되더라도 몇 억씩 빚을 지고 살아야 하는 현실이 맞는 건지 의문이 들었다. 이런 문제를 정책으로 해결할 수는 없을까 하는 생각에 집 문제에 대해 알아보았다.

통계청에 따르면 지난 2018년 기준으로 결혼한 지 5년 이내인 신혼부부의 57.4퍼센트가 무주택자이다. 또한 한국보건사회연구원의 연구에 따르면 국내 19~34세 청년 가구주의 8.9퍼센트가 국토교통부 지정 최저 수준의 주거 환경(부엌을 갖춘 14제곱미터 이상의 공간)조차 충족시키지 못하는 공간에서 생활하고 있다. 이처럼 열악한 상황에도 주거 비용은 전반적으로 높게 책정되어 있어, 청년의 24.7퍼센트 정도가 월 소득의 20퍼센트가 넘는 주거비를 부담하고 있다. 말이 20퍼센트지 실제 급여에서 차감되는 금액을 보면 겪어보지 않은 사람은 그 어려움을 절대 모를 것이다.

그러다 보니 청년들이 자꾸 주거 환경에서 소외되는 현상이 발생한다. 이는 반지하, 옥탑방, 고시원으로 대표되는 청년들의 열악한 주거 환경에서 잘 드러난다. 집값은 과도하게 높고, 지속적으로 상승하는 부동산 가격은 이제 막 사회에 자리 잡기 시작한 청년 및 신혼부부들의 어려움을 가중시키고 있는 실정이다. 그렇다면 청년 계층의 주거 불안 문제를 해소하기 위해 정부는 어떤 정책을 펴고 있을까? 공공과 민간에서 각각 임대주택과 행복주택 등 다양한 임대주택 공급사업을 진행하고 있으나, 수요에 비해 충분한 공급이 이루어지지 못하고 있다. 이 문제를 해결하려면 어떻게 해야 할까? 공공 및 민간 임대주택 및 분양에 있어서 우선공급대상에 청년 및 신혼부부 30퍼센트를 의무화한다면 청년과 신혼부부의 주거가 안정될 수 있지 않을까 하고 예상해본다. 법적 의무화를 통해 이를 극복하지 못하면 앞으로 청년들의 삶은 더욱 팍팍해질 것으로 예상된다. 그리고 무엇보다도 임대주택이나 행복주택에 사는 이들을 하층민으로 바라보고 고립시키는 우리 사회의 인식을 개선해야 한다. 이 부분은 정부의 적극적인 개선 의지가 중요하지 않을까 생각해봤다.

라테파파

아이를
부모가 키울 수 있도록
돕는 사회

아이는 '국가가 키우는 게 아니라 가족이 키우는 것'이란 게 내가 생각하는 육아의 기본 원칙이다. 국가는 키우는 역할을 하는 것이 아니라 가족이 아이를 잘 키울 수 있도록 뒷받침해야 한다고 생각한다. 그런데 삶이 여유가 없고 경제력이 뒷받침되지 않으면 아이를 키우기 힘들다 보니, 어느 순간 국민들도 사회 환경이나 제도 때문에 힘들어졌다고 착각을 하는 것 같다. 어린이집을 확충하고, 주 52시간 근로를 보장해주어야 한다고 많은 사람들이 요구한다.

교사 1명이 2~3명의 아이를 돌봐야 하는 어린이집의 보육 환경과 이에 소요되는 막대한 국가적 보조를 감안하면, 제도 보완을 통해 아이가 직접 부모의 손에서 자랄 수 있도록 지원하는 방향이 더 적절하지 않나 싶은 생각이 들었다. 예를 들면,

아이를 집에서 키우면 부모에게 20만 원(양육수당)을 지원해주는데 아이를 어린이집에 보내면 정부가 어린이집에게 100만 원에 가까운 보육료을 지원해준다. 상대적으로 적은 금액인 양육수당을 조금씩 늘릴 수록 가정에서의 육아를 선호하는 부모들이 생기지 않을까? 그러면 훨씬 더 안정된 양육 환경에서 육아가 이루어지기 때문에, 아이도 어릴 때부터 가족 간의 유대감이나 사회성을 자연스럽게 배울 수 있을 것이다. 아직은 너무 먼 미래의 이야기같이 들린다. 하지만 앞으로의 미래를 보면 의무적으로 남녀가 육아휴직을 사용하도록 제도적 장치와 사회적인 분위기를 정착시킬 필요가 있다. 스웨덴의 경우 남자가 육아휴직을 하면 승진할 때 인센티브를 준다고 한다. 점차 사회 인식이 변해나간다면, 우리나라도 곧 이런 흐름을 따라가게 되지 않을까? 가족의 육아휴직을 독려하는 것. 그러기 위해 어린이집이나 유치원에 주는 국가 보조금을 가정에 직접 주는 것이 육아를 위한 훨씬 더 좋은 제도적 장치가 될 것이다.

제도 개선을 위해서는 먼저 우리나라의 합계 출생률을 알 필요가 있다. 2018년 기준 우리나라의 합계 출생율은 한 명에도 미치지 못하는 0.98명으로 OECD 회원국 가운데 최저에 해당한다. 이를 해결하기 위해 국가적으로 막대한 예산을 쏟아붓고 있다. 어린이집에 다니는 만 0~5세 아동에게 월 22만 원에서 45만 4천 원까지 보육료를 지원하는 '아이행복카드', 공립유치원 월 11만 원, 사립유치원과 어린이집 월 29만 원 등 만 3~5세의 아동이 다니는 누리과정 운영시설에 대한 지원 등 아이 한 명에게 정부가 지원하는 예산은 평균 70만 원에 달한다. 반면 86개월 미만의 아이를 가정에서만 돌보는 경우 그 3분의 1에도 못 미치는 월 10~20만 원이 가정양육수당으로 지급되고 있다. 육아휴직의 경우, 만 8세 이하의 자녀를 둔 근로자에게 최대 1년의 육아휴직이 가능하도록 법으로 보장하고 있으며, 정부/공공부문의 경우 최대 3년까지 육아휴직을 보장하고 있다.

하지만 육아휴직 제도가 정착되어 가고 있음에도 현실은 여전히 법과 괴리가 있다. 2016년 기준 OECD 34개국의 0~2세 영아의 보육시설 이용률은 평균 33.2퍼센트밖에 되지 않는다. 그러나 우리나라는 2017년 기준 53.4퍼센트로 OECD 평균보다 60퍼센트 이상 높게 나타났으며, 만 3~5세 유아의 보육시설 이용률도 OECD 평균 86.3퍼센트를 초과한 93.4퍼센트로 집계되었다. 또한 2010년부터 2017년까지 0~7세의 자녀를 둔 부모의 육아휴직 사용률은 여성 38.3퍼센트, 남성 1.6퍼센트에 불과하다. 이러한 현실을 반영한 지표들은 지금껏 우리 사회가 아이들을 가정이 아닌 기관에서 자라도록 유도해왔다는 사실을 보여주는 게 아닐까?

이런 현실을 토대로 생각해볼 때 가정보육수당을 최소 현재 정부가 보육시설 및 기관에 지출하는 정도의 금액으로 인상해, 자녀를 양육하는 부모들이 맘 편히 아이를 키울 수 있는 환경을 조성하는 것도 좋은 선택이 될 것이다. 또한 현재 1년으로 규정되어 있는 육아휴직 기간을 3년까지 늘려 부모가 직접 아이를 양육할 수 있는 기회를 충분히 제공한다면, 보다 안정적인 환경에서 자랄 수 있는 것은 물론, 결과적으로 우리 사회의 극심한 저출산 문제를 해결하는 데도 도움이 되지 않을까 생각한다.

아이를 키우다 보니

아동 포르노의 실태와
성교육의 내실화

전 세계에서 가장 거대한 음란 사이트 이용객 중에 한국인 이용자가 제일 많다는 기사를 본 적이 있을 것이다. 또 최근에는 다크웹Dark Web(비공개의 인터넷 영역으로 아동 포르노를 공유하는 곳; 일반적으로 다크웹에 가입하지 않고서는 아동 포르노를 접할 수 없다)에서 아동 포르노 등 음란물을 배포한 손 모씨가 검거되었는데, 끔찍한 그의 범죄만큼이나 국민을 분노하게 한 것은 그에게 내려진 법원의 솜방망이 처벌이었다. 이런 기사를 보면 다른 나라에 비해 성범죄에 비교적 관대한 나라가 바로 대한민국이 아닌가 싶다. 결혼 전에도 성범죄가 내게도 일어날 수 있다는 생각에 두려운 마음이 있었지만, 딸을 낳고 엄마가 되니 또 다른 시각으로 이 문제를 바라보게 되었다. 대한민국이 이제는 아동이 살기 좋은 나라를 만들 것인지, 성범죄자가 살기 좋은 나라를 만들 것인지 선택해야 한다.

아동과 청소년 포르노가 왜 범죄냐고 묻는다면, 답은 명확하다. 아동과 청소년 포르노는 스스로 선택하고 책임을 질 수 없는 나이에 성적 대상이 될 뿐 아니라, 인터넷에 영구적으로 박제되기 때문이다. 미국이나 영국의 경우 아동 포르노를 배포하고 다크웹에 가입하여 보는 것 자체가 범죄다. 보는 것이 무슨 죄가 되냐고 하겠지만, 아동/청소년 포르노를 보는 것이 실제의 강간이나 성추행으로 이어질까봐 죄가 되는 것이 아니라 피해 아동/청소년에게 영구적인 정신적 피해를 주기 때문이다. 아동 포르노를 찍는 행위 또한 두말할 필요 없이 범죄다. 설령아이가 동영상을 찍는 것에 동의했다 하더라도, 자신의 판단에 책임을 질 만큼 완전히 성숙하지 않은 아동의 동의가 면죄부가될 수는 없다. 결과적으로 아동 포르노를 찍는 사람, 배포하는 사람, 의도적으로 보는 사람까지 전부 처벌하는 것이 옳다.

한편으로 아동 성교육이 절실히 필요하다. 어릴 때 제대로된 성교육을 받지 못한 탓에 앞서 말한 문제가 더 심각해지는게 아닌가 하는 생각이 든다. 외국에서는 유치원에서부터 성교육을 받는다. 우리나라와 같이 생물학적인 성교육이 아닌, 아이들 서로의 몸의 경계, 상호 존중을 이해하는 것이 성교육이다. 어떤 부모는 아들에게 성교육을 한다고 하면 '우리 아이를 잠재적 성범죄자로 취급하는 것이냐'며 반발하기도 한다. 하지만 그건 그들의 아이가 잠재적 성범죄자라고 낙인찍는 것이 아니라, 어려서부터 남의 물건에 손대지 말라고 가르치듯이 우리 몸도 그렇게 대해야 한다는 걸 알려주는 일이다. 또한, 남자아이들도 다른 어른들로부터 안전하다고 볼 수 없는 것이기에, 자신의 몸의 경계를 인지해야만 자신에게 가해지는 범죄 상황을 인지할 수 있는 것이다. 남의 몸을 만지는 것도 어디까지 허용되는지 어려서부터 알려줄 필요가 있다. 중고등학생이 된 후에 가르치면 진지하게 받아들이는 것이 힘들 수 있다.

나는 지금도 딸아이 기저귀를 갈아줄 때면 "시아야, 엄마가 네 기저귀를 벗길 거야. 괜찮겠니?" 하고 물어본다. 실제로 영아들이 성폭행을 당해도 범죄로 판명이 안 되는 이유가 "아저씨가 벗겼어요. 우리 엄마도 아저씨처럼 벗기는데요"라고 말하기 때문이라고 한다. 자기 옷을 벗겨도 잘못된 행동이라는 걸 알아차리지 못하는 것이다. 아무리 엄마라도 자신의 몸에 손을 대는 것은 허락이 필요한 것이라는 것을 어려서부터 가르쳐야 한다. 또 성교육에서 중요한 것이 바로 용어에 대한 설명이다. 자신의 몸에 있는 성기에 대해서도 부르는 말이 다 제각각인데, 올바르지 않은 명칭 교육으로 인해서 실제 재판에서 성범죄를 당한 아이의 증언이 받아들여지지 않는 경우가 많다. 어릴 때부터 성기를 언급하는 것이 부끄럽고 몰상식하다는 인식을 어른들로부터 배우기 때문에 제대로 된 명칭을 배우기 쉽지 않다. 오히려, 친구들과의 대화를 통해서 아이들은 은어로 스스로에게 성교육을 하는 상황에 이른다. 그러다 보니 아동이

성추행을 당해도 증언 채택이 안 된다. 왜냐하면 아이들이 말하는 은어로는 법정에서 몸의 명확한 부위를 언급한 것이라고 받아들여지지 않기 때문에 증언 채택이 안 되는 것이다. 물론, 재판과정에서도 보완할 점도 분명 있겠지만, 어른들의 "쉬쉬"하는 태도는 아동들이 성적학대에서 법적 보호를 받을 수 없도록 만든다. 아이들이 말하는 용어로 대답했는데 증언 채택이 안 되는 것이다. 성기의 생물학적 명칭을 이야기하는 것은 절대 부끄럽고 민망한 것이 아니다. 사과를 사과라고 하는 것과 같은 것이다.

2016년 대검찰청 자료를 보면 우리나라에서 한 해 성범죄 피해를 당하는 아동과 청소년은 9015명에 달하고, 이 중에 남성이 6.3퍼센트다. 특히, 13세 이하의 경우에는 남성이 13.7퍼센트나 된다. 다시 말하면, 아동 청소년 성범죄와 관련된 법률은 성 갈등의 문제가 아니라, 우리 아이들을 지킬 수 있는 최후의 정책인 것이다. 현재 우리 아이들을 보호하기 위해 현행법으로는 「아동·청소년의 성보호에 관한 법률」이 제정되어 시행되고 있다. 그러나 성범죄자들 중 무려 45.5퍼센트가 집행유예라는 솜방망이 처벌을 받는 데 그치고 있다. 현행법에 '아동·청소년을 강간한 사람은 무기징역 또는 5년 이상의 유기징역', '아동·청소년이용 음란물을 판매·대여·배포·제공하거나 이를 목적으로 소지·운반하거나 전시 또는 상영한 자는 10년 이하의 징역'의 벌칙 규정을 명문화하고 있으나, 이런 처벌 기준

또한 국민의 눈높이에 비추어 턱없이 부족할 뿐만 아니라 다른 나라와 비교해도 너무 가벼운 수준이다. 미국은 다크웹 유저들에게 15년 형, 영국은 22년 형을 선고했지만, 정작 세계 최대 규모의 다크웹 운영자이자 아동 포르노 컨텐츠 판매자인 한국인 손 모씨는 겨우 18개월의 솜방망이 처벌을 받았을 뿐이다. 아동 포르노 이용자 명단에 있었던 미국인은 1회 다운로드와 1회 접속 시청만으로 징역 70개월에 보호관찰 10년을 선고받았는데 말이다.

미국과 영국의 사례처럼 우리나라도 현재 법에 명시된 아동 성범죄의 처벌 기준을 대폭 상향 조정하고, 아동 성범죄자들이 저지른 죄에 합당한 처벌을 받도록 법적 근거를 마련해야 할 것이다. 또한 유치원 과정에서부터 성교육이 체계적으로 이루어질 수 있도록 해 왜곡되거나 잘못된 성관념이 자리 잡지 않도록 해야 된다. 제도가 바뀌고 보완되어 내 아이가 사는 세상만큼은 성범죄로부터 정말 안전한 곳이 되기를 간절히 바란다.

매트 좀 깔라고요

층간 소음을
해결하는 방법

집을 구하고 이사한 뒤 한동안 평화롭게 지냈다. 평일에는 아이를 재우고 낮에 쉴 때도 큰 소음이 없어 집을 잘 구했나 보다하고 안심했다. 그런데 주말이 문제였다. 윗집에 손자들이 놀러오는 주말이면 우리집 천장은 흔들리다 못해 전등이 깜빡거릴 지경이었다. 처음에는 두어 번 그러다 말겠거니 했지만, 격주 단위로 주말은 전쟁을 치르는 것과 같은 시간이었다. 아이들의 쿵쿵거리는 소리, 떠드는 소리 때문에 편히 쉴 수가 없었다. 참다 못해 찾아가면 윗집 아저씨는 오히려 우리에게 화를 냈다. 그렇게 감정이 격해지고 결국 고성방가로 경찰에 신고하는 지경까지 가게 되었다. 스물여덟 살까지 반지하에 살면서도 층간소음 없이 살았는데, 직접 겪어보니 정말 엄청난 스트레스가 아닐 수 없었다.

자연히 층간소음 문제 전반에 관심이 생겨 이를 해결해보겠다고 관련 내용을 알아보기 시작했다. 그 결과, 공동주택의 층간소음 문제가 이웃 간의 분쟁에서 사회문제로 커져가는 것을 예방하고 해결을 적극적으로 지원하기 위해서 현재 환경부가 주관하고 한국환경공단 생활환경팀이 운영하는 '층간소음이웃사이센터'가 있다는 것을 알게 되었다. 인터넷을 통해 '국가소음정보시스템'에 상담을 요청하면, 광역 및 기초 지자체 관련 부서에서 방문 상담과 소음 측정을 실시해 갈등을 조정하는 방식으로 지원하는 것이었다. 나는 여기에 층간소음 분쟁을 조정해줄 것을 신청했다. 그런데 알고 보니 정말 말이 안 되는 구조여서 애초부터 해결은 불가능했다. 신고를 하면 층간소음이웃사이센터에서 우편을 보내 중재에 응할지 의사를 묻는다. 그런데 정말 어처구니없게도 상대방이 거부하면 그것으로 끝이다. 아무런 강제력도 없는 것이었다.

　2014년부터 2018년까지 최근 5년간 '층간소음이웃사이센터'에 접수된 상담 신청은 평균 2만 2000여 건으로, 이 가운데 분쟁 조정 완료 건수가 평균 1만 4000여 건(63.5퍼센트)에 이를 만큼 중재 기관의 개입으로 해소된 사례가 많았다. 하지만, 층간소음에 관련된 현행 법률 「공동주택관리법」 제20조(층간소음의 방지 등)와 「소음·진동관리법」 제21조의 2(층간소음기준)에 따르면 피해를 입은 입주자는 관리 주체를 통해 피해를 끼친 입주자에게 소음 발생 중단 및 차음 조치를 권고할 수 있으나 피해를 끼친 입주자에 대한 이행 강제력이 없고, 최근 층간 흡연 문제 등 공동주거환경에 따른 이웃 간 갈등 요소가 늘어나는 등 공동주거 환경에서 발생되는 이웃 간 분쟁에 대해 제도적인 정책이 현실과는 상당히 거리가 있다는 것도 알게 되었다. 축구나 야구 경기에서 심판이 제대로 역할을 하지 않으면 자연스레 경기가 거칠어지는 것처럼 층간 갈등은 심화될 수밖에 없는 것이었다.

결과적으로 내 경우는 해결이 잘 되었기에 여기에 소개할 수 있었지만, 해결 과정에서 서로 간에 정말 많은 배려와 대화가 필요했다. 윗집에서 매트를 깔고 난 후로는 소음이 많이 줄어들었다. 윗집 아저씨는 우리 동네에서 국회의원이 나왔는데 현수막이라도 달아야 하는 것 아니냐고 말하고 다니실 정도로 다정하시고 친한 이웃이 되어 주셨다.

이 일을 통해서 층간소음은 관계로 해결해야 한다는 것을 깨달았다. 매트를 깔면 물리적으로도 층간소음과 충격이 완화되지만, 무엇보다 상대의 고충을 이해하고 배려하려는 태도를 드러내 보임으로써 이웃 간에 생기는 갈등을 완화해준다는 면에서 더욱 긍정적인 조치가 아닐까 싶다. 이런 일은 관계 중심으로 해결해야지 법적 대응만으로는 해결할 수 없다는 것이 내 생각이다.

나는 당신을 이해할 수 없어요, 사랑할 뿐입니다

세대갈등, 이해보다 사랑으로

한국 사회의 중요한 이슈 중에는 세대간의 갈등이 있다. 부모와 자식, 각 사회의 선배와 후배 사이에서도 빈번히 일어나는 이슈에 대하여 나는 다음과 같이 교회에서 발표한 적이 있는데 나의 생각들이 집약되어 있는 것 같아서 옮겨 적는다.

이번 여름, 앞길이 막막하고, 주님이 저를 지켜보고 계시는지 의심이 들 정도로 힘든 시간이 있었습니다. 올해 초 미국 하버드대학교 케네디스쿨을 졸업하고 한국에 돌아왔지만, 제가 20대에 꿈꾸던 멋진 커리어우먼의 모습이 아닌 돌도 안 된 어린 아기와 집에서 씨름하며 청소와 빨래를 하고 내 모습을 보고 있으니 청년시절의 큰 비전과 소망은 어디에 갔는지… 내 자신이 한심스럽고 주님이 원망스러웠습니다.

저는 당장 교회로 달려갔습니다. 주님께 '왜 나를 사용하지 않으시는지, 나를 하나님의 도구로 사용해서 세상에 선한 영향력을 언제 끼치시려는지' 따지고 싶었습니다. 저는 20년이 된 개척교회 목사의 딸로, 우리 교회는 20여 명의 성도가 함께 섬기고 있습니다. 어려운 재정형편이지만, 지역 어르신들에게 무료급식과 미혼모를 포함한 한부모가족들을 돕고 있습니다.

그날따라 교회에 갔는데, 하수구에서 악취가 올라오는 것을 느꼈습니다. 그 악취가 올라오는 곳에서 교회에 한 청년이 책을 읽고 있었습니다. 교회에서 공부하기 위함이었습니다. 순간 주님께 나의 상황을 묻기 위해 성전에 왔던 저는 '교회'가 보이기 시작했습니다. 하나님의 몸 되신 성전이 더럽고 아파하는 모습이었습니다.

저는 교회 리모델링을 하기로 했습니다. 먼저 교회에서 악취가 나는 문제를 해결하고, 깨끗한 책상과 의자를 놓아 청년들이 이곳에서 성경을 읽고, 교제할 수 있는 공간을 만들 계획을 했습니다. 교회 화장실, 본당, 옥상, 주방까지 고쳐야 할 곳이 한두 군데가 아니지만, 제 눈에 들어왔던 공간을 먼저 보수해야겠다고 생각했습니다.

여기서 예상하지도 못했던 교회 성도들 간의 '세대갈등'이 수면 위로 올라왔습니다. 먼저 60대 이상의 어르신들은 '성전'을 우선으로 리모델링해야 한다고 생각하셨습니다. 하나님의 몸 된 곳은 어르신들이 생각하시기에 깨끗한 '성전, 말씀을 듣는 곳, 기도와 찬양을 하는 장소'가 우선순위였습니다. 40~50대, 특히 여성분들은 '주방'을 바꿔야 한다고 주장하셨습니다. 지금까지 주방에 배수, 온수 문제가 많았고, 그릇을 정리할 충분한 공간이 없었기 때문에 '사람이 먹고 사는' 문제라며 주방을 먼저 정리하길 원하셨습니다. 마지막으로 20~30대 청년들은 제가 생각했던 대로 교회 로비를 리모델링할 것을 요청했습니다. '교회 로비는 우리 교회의 입구이자 얼굴이다. 새로운 신자가 왔을 때 첫인상이기도 하다. 그리고 청년들이 이곳에 머물면서 성경 읽기 모임을 할 수 있다'며 강하게 말했습니다.

저는 너무 놀랐습니다. 20~30대, 40~50대, 60대 이상의 어르신들 말씀 모두가 틀리지 않았습니다. 20명의 적은 수의 교인들이지만, 각자의 시각에서 본 교회의 안타까운 모습과 개선해야 할 점들이 '세.대.별.로' 달랐다는 것을 눈과 귀로 확인하는 시간이었습니다. 제가 단순히 좋은 뜻에서 시작하려고 했던 교회보수공사가 '세대갈등'으로 이어지는 순간이었습니다.

마음이 많이 무거웠습니다. 어르신들은 저희를 이해할 수 없다며, 왜 쓸데없는 곳에 예산을 쓰는지를 물었습니다. 젊은이들 또한 어르신들의 그러한 말씀에 직접적으로 대답하지는 않았지만, 젊은이들끼리 모여 자신들의 의견을 나눴습니다.

제가 졸업한 하버드 케네디스쿨에는 유대인 출신의 로널드 하이페츠(Ronald A. Heifetz) 교수님의 '리더십' 수업이 유명합니다. 그 수업에서 배운 리더십의 여러 이론이 있지만, 그 중에서 이번 일에 적용될 수 있는 것은 '한 사람의 결정은 자신이 직간접적으로 경험한 성장한 배경과 사회적 위치에 따라 결정된다'는 것이었습니다. 다시 말해, 우리가 일제 식민지를 겪지 않았음에도 위안부 할머니들이 부당한 대우를 받고 계실 때 분노하거나 한일전 축구 경기에서 무조건 이겨야 한다고 생각하는 것은 우리가 직접 경험하지 않았지만 무의식중에 나의 조상들이 겪었던 아픔들을 느끼기 때문에 내리는 선택이라는 것입니다.

어르신들은 가난했던 젊은 시절이 계셨고, 주방이나 로비를 카페처럼 아름답게 꾸미는 것은 '사치'라고 생각하셨을 것입니다. 같은 예산이라면 그 돈을 '예배를 드리는 성전'에 온전히 사용하는 것이 옳다고 판단하신 겁니다. 주방에서 많은 시간을 보내는 40대 여성의 우선순위는 따뜻한 물이 나오고, 깨끗한 환경에서 요리를 하고 싶다는 바람이 있었습니다. 청년들에게는 '눈에 보여지는 것'이 중요하고 당장 '생활하는 공간'도 필요했습니다. 각 세대가 자신이 직접 또는 간접적으로 겪었던 경험에 의해 내린 '합리적인 최상'의 결정이었습니다.

하지만 이 문제는 또 다시 리더십 수업에서 배운 문제로 해결책을 분석해볼 수 있었습니다. '발코니로 나아가라.'(Step on to the Balcony) 우리 개개인은 모두가 자신만의 무대에서 춤을 추고 있습니다. 무대에 있다면 관객은 어두워서 잘 보이지 않습니다. 나 자신을 객관적으로 보기 위해서는 무대에서 내려와 발코니에 서서 나 자신을 객관적으로 바라봐야 합니다. 60대가 40대를, 40대가 20대를 또 20대가 60대를 이 관점에서 바라본다면 서로가 조금은 이해할 수 있을 것입니다.

결과적으로 모두가 만족할 수 있는 성전, 로비, 주방이 완성되었습니다. 젊은이들이 처음 원했던 디자인은 아니었지만 어르신들도 '멋지다'고 할 수 있을 정도의 페인트를 함께 칠하고, 필요 없는 가구와 물품들을 옮겨 버리고, 청소를 했습니다. 아직도 각각 다른 세대인 우리가 서로를 100퍼센트 이해하지는 못했습니다. 그러나 중요한 점은 이번 기회를 통해 '세대 간의 갈등'을 인정하고, 이를 주님 안에서 '이해'를 넘어선 '사랑'으로 감쌀 수 있었다는 것이었습니다.

주님께서 저에게 교회 리모델링의 마음을 주신 것은 단순히 깨끗한 성전을 바라셨던 것이 아니라 이 과정을 통해 성도들 간의 작은 역할을 나누면서 부족한 부분은 채우고, 넘치는 부분은 나누면서 하나되기를 원하셨다고 생각합니다. '성공적인' 리모델링은 '교회 건물이 얼마나 화려하고 멋지게 변하였는가?'가 아닌, 이 과정을 통해 성도들이 얼마나 서로를 사랑하게 되었는가?'라고 생각합니다.

서론이 너무 길었습니다. 현재 대한민국의 모습도 마찬가지입니다. 대한민국은 OECD 국가 중 출생률이 가장 낮습니다. 살아온 날들보다 살아갈 날들이 더 많은 청소년들은 스스로 목숨을 포기합니다. 어르신들이 보시기에 지금의 20~30대 청년들은 보릿고개를 겪지도 않았고, 독재 정권과 싸우지도 않았습니다. 즉 태어날 때부터 젊은이들은 상대적으로 풍요로운 환경에서 자랐고, 공부도

하고, 표현의 자유도 누렸습니다.

그런데 왜 청년들이 대한민국을 헬조선이라고 부르며, 이제는 더 포기할 수도 없는 N포 세대가 되었을까요?

어르신들은 당신이 안 먹고 안 쓰고 자녀를 키우면 그들은 더 나은 삶을 살 것이라는 희망이 있으셨습니다. 나는 단칸방에서 결혼을 시작해도 내 자녀는 결혼할 때 작은 집이라도 마련할 수 있을 것이라는 꿈을 꿀 수 있으셨습니다. 그렇게 희생해서 키운 우리 대한민국의 젊은이들에게 현재 그렇게 고생하신 부모님께 그 은혜를 갚은 기회도, 여유도 없이 스스로를 지키는 것도 버거운 삶을 살고 있습니다.

이제는 '개천에서 용이 날 수 없다'는 말을 넘어 '용이 나올 개천이 없다'는 얘기가 들립니다. 열심히 노력하고 사는 사람이 누릴 수 있는 평범한 삶조차도 청년들에게는 사치가 되었습니다. 청년의 가장 큰 특권은 무모해보일지라도 꿈꾸고 도전하는 것인데, 이제는 그런 힘도, 열정도, 여유도 남아있지 않습니다.

물론, 주님 말씀을 붙잡고 나아간다면 능치 못할 것이 없고, 이 산을 들어 저 곳으로 옮길 수도 있습니다. 저는 감히 이 자리에 계신 저보다 더 많은 삶을 살아오신 분들께 간곡히 요청 드립니다. 청년들을 판단하기 전에, 책망하기 전에, 그들이 왜 그런 삶을 살고 있는지를 먼저 '이해'하고 예수님과 같은 '사랑'으로 나아갈 때, 모든 세대가 대화할 수 있는 문이 열릴 수 있습니다. 이는 청년들도 마찬가지입니다. 그 문이 열려야 작금의 청년문제를 해결할 수 있습니다. 청년문제는 청년 당사자 세대의 문제가 아니라 대한민국의 미래이자 희망의 문제입니다.

'성공적인' 리모델링이 아름다운 성전보다 과정 속에서 갈등을 통한 성도들 간의 돈독해진 관계와 사랑이었다면 현재 대한민국에서 일어나고 있는 청년문제들도 단순히 보조금을 주거나 문제를 해결해주는 방식이 아닌, 모든 세대가 함께 대화하고, 공감하고 미래를 그려나가는 것. 그리고 그 과정에서 서로를 섬기며 사랑하는 것이 주님이 진정으로 바라시는 '성공적인' 대한민국으로 나아가는 길입니다.

20대 국회 막차, 나에게는 첫차

232일을 위한
2760일의 기다림

20대 국회가 마지막을 향해 가던 2019년 가을, 나는 늦깎이 국회의원이 되었다. 주미 한국대사로 부임하는 더불어민주당 이수혁 의원님의 비례대표 의원직을 승계하게 된 것이다. 극적으로 국회에 입성했지만 내년 총선까지 남은 시간은 6개월, 임기 종료까지 계산해도 8개월이 안 되는 시간이다. 의정 활동을 아무리 길게 한다고 해도 나는 사실상 반년 짜리 의원으로 비칠 수 있다.

처음 국회의원 후보가 되었을 때가 2012년 3월, 19대 총선을 앞둔 시점이었다. 앞에도 언급했지만 당시 민주통합당의 청년 비례대표 후보 경선에서 4위로 선출되었고 비례대표 순번은 27번이었다. 당선과는 거리가 먼 순번이었지만 그 후에 부대변인을 비롯한 여러 당직을 맡아서 정당 활동을 이어갈 수 있었다. 그 결과 20대 총선에서 다시 한번 청년 비례대표 공천을 받을 수 있었다. 하지만 역시 당선과는 거리가 멀어 보이는 16번을 배정받았다. 실제로 20대 총선에서 민주당 비례대표 당선 순번은 13번까지였고, 나는 하버드대학교 케네디스쿨로 유학을 떠났다. 그리고 유학 과정을 잘 마무리하고 졸업장, 남편, 그리고 아이를 얻은 채 올해 초 귀국했다. 유학 생활을 통해 한층 더 검증된 배움의 과정을 거쳤으니 한국에 돌아와도 할 일이 많을 거라고, 누군가는 나를 필요로 하고 불러줄 거라고 기대했으나 헛된 희망이었다. 잊히는 게 아닐까. 마음만 앞섰을 뿐, 참 삭막한 하루하루가 이어졌다. 그 속에서 오직 딸의 해맑은 미소가 위안을 주었다.

그 사이 민주당 비례대표 의원들 중에서 중도 사퇴자가 나왔다. 탈당하며 의원직을 포기하신 김종인 전 의원님, 문재인 정부 출범으로 청와대 비서관으로 자리를 옮긴 문미옥 의원님이셨다. 각각 비례대표 14번과 15번이던 심기준, 이수혁 의원님이 이를 승계했고 16번인 내가 승계 1순위 대기자가 되었다.

그러다 마침내 지난 8월, 비례대표 15번인 이수혁 의원님이 주한 미국대사로 지명되면서 내게도 기회가 왔다. 하루 종일 실시간 검색어에 내 이름이 오르내리고 수없이 많은 축하 전화와 인사가 이어졌다. 하지만 이후 과정은 순탄치 않았다. 미국 정부가 이수혁 의원님에 대한 아그레망(Agrément; 프랑스어로, 국제관계에서 대사관을 공식적으로 인정하는 동의라는 뜻이다)을 두 달 정도 미룸으로써 내가 가장 자신 있어 하는 기다림을 실천할 수 있었다. 솔직히 말해 하루하루가 긴장되었다. 선거법상 다음 총선까지 남은 기간이 120일 미만일 경우 비례대표를 승계하지 못하고 공석으로 남겨두도록 돼 있었기 때문이다. 만약 조금만 더 아그레망이 늦게 도착했다면 비례대표 승계가 되지 못했을 것이다. 하지만 괜찮다. 난 이러한 상황들에 익숙해 있기에 더 기다릴 수 있었다.

비례대표 승계 이후로는 정신없는 날들이 이어졌다. 승계와 동시에 국회로 오자마자 국정감사에 참여해야 했다. 마치, 며칠 전에 전학 온 학생에게 긴 기말고사가 몇 주에 걸쳐 있는 과 같은 상황이었다. 추석이 지나고 이원욱 원내수석부대표로부터 상임위 어디로 가고 싶으냐는 연락을 받고 산업통상자원중소벤처기업위원회(산자중기위)에 가고 싶다고 얘기했다. 곧바로 해당 상임위 공부로 밤을 새웠다. 산업통상자원중소벤처기업위원회를 지원한 이유는 미국에서 유학을 하며 신재생 에너지와 창업에 관심을 갖게 되었기 때문이다. 미국 실리콘밸리에서는 청년들이 창업했다가 수차례 실패해도 다시 일어설 수 있는데, 실패하면 빚쟁이와 낙오자가 되어버리는 한국의 환경을 바꿔야 한다고 생각했다. 실패 안전망을 만들어서 청년 창업 활성화에 기여하고 싶었다.

임기가 길지 않지만 의원으로서 꼭 하고 싶은 것들이 몇 가지 있다. 첫 번째는 의정 활동이다. 의정 활동을 성실하게 모범적으로 하는 것이 최우선 목표다. 두 번째는 청년 비례대표로서의 경험, 여성이자 엄마로서의 경험에 비추어, 그간 아쉽다고 생각했던 부분들에 대해 '정은혜 생활법' 열 가지 정도를 구상하는 것이다. 법안 통과까지는 기간이 짧아서 어렵더라도 이슈를 만들고 가치를 공유하는 데 집중해보자고 생각했다.

다음 총선이 얼마 남지 않은 상황에서 청년 비례대표로 국회의원이 됐기 때문에, 당에서는 청년층의 관심을 우리 당으로 끌어오는 일을 하는 것이 내 역할이라고 생각한다. 단순히 청년층의 표를 받기 위해서 뭔가를 알리는 게 아니라 청년층이 우리 당의 가치를 공유할 수 있는 공간을 마련해보고 싶다. 더 많은 청년들이 정치에 관심을 가지고 활발히 논의에 참여하는 모습을 꿈꾼다.

2760일. 국회의원으로서 첫 임기를 시작하기까지 내가 기다린 기간이다. 232일. 기다림 끝에 나에게 주어진 국회의원 임기다. 늦깎이로 국회에 들어올 수 있었지만 늦은 국회 출근 덕에 여러 정책에 관해서 끊임없이 생각하고 또 생각하며 준비했다. 232일짜리 임기이지만 누구보다 더 진하게 열정을 다해 보내려고 한다. 하루하루를 치열하게 살아가고 있는 대다수 국민들을 위해, 더 많은 사람이 유익한 환경에서 사는 세상을 만드는 것이 목표다. 그 과정에서 국회의원이라는 소중한 기회를 얻었으니 너무 감사한 일이다. 촛불이 꺼질 때쯤 가장 뜨겁게

타오르듯, 난 밀도 있게 의정 활동을 하고자 새벽 5시에 출근하여 밤 12시에 퇴근하는 일정을 아직까지 유지하고 있다.

당선과 악플

언어 살인

국회의원 당선 소식이 기사화되고 이슈가 된 날, 나와 관련된 기사에는 엄청난 댓글이 달렸다. 그렇게 많은 나이는 아니지만 웬만한 말이나 행동에는 크게 상처받지 않는 스타일이라 악플은 덤덤하게 넘기자고 생각할 수 있다고 생각했지만 그렇지 않았다. 나 역시 공인이 되고 직접 악플을 받아보니 그 심각성이 피부에 와닿았다. 집에 돈이 많다거나, 학력 세탁을 통해 신분 상승을 노린다거나 하는 등의 근거 없는 추측이 이어졌다. 저렇게 거짓을 확실한 어조로 논리정연하게 표현할 수 있는 사람이 많다는 것에 조금은 놀라기도 했다.

악플로 인해 정신적으로 엄청난 피해를 보는 사람들이 많다. 이러한 문제는 이제 개인의 차원에서 해결하기보다는 나라 전체가 관심을 기울이고 개선 방향을 찾아야 한다.

실명을 밝힐 수 없지만 최근에는 인터넷 악플로 인해 고통을 겪던 연예인이 스스로 목숨을 끊는 일이 벌어졌다. 또한, 불법 촬영물을 SNS를 통해 공유하고 인터넷에 배포하면서 생긴 많은 피해자들이 고통을 겪고 있다. 이런 문제가 불거질 때마다 대책 마련을 촉구하는 목소리가 높아지지만, 정작 명확한 대책이 제시되지도 강력한 법안이 추진되지도 못하는 현실이다.

이 문제를 해결하는 유일한 대안으로 인터넷 실명제를 주장하기도 하지만, 표현의 자유를 침해할 수 있다는 우려와 정치적으로 악용될 수 있다는 염려 때문에 적극적으로도 도입하지 못하고 있는 상황이다. 또 불법촬영물 피해자와 마찬가지로 악플에 의한 피해자도 당사자가 직접 고소하지 않으면 가해자 처벌이 어렵고, 피의자를 특정하기가 어려우며, 부적절한 자료가 유지되거나 확산되는 문제를 해결하기가 매우 어렵다고 한다. 하지만, 미국에서는 악플과 같은 괴롭힘(Cyberbullying)이라고 여겨지는 경우, 추적을 통해 범인을 검거하고 5년 이하의 징역형을 선고할 수 있다.

국내에서도 이 문제를 해결하기 위해서는 인터넷 악플을 피해자 친고죄가 아닌 누구나 고발할 수 있는 범죄로 규정하고, 댓글의 익명 운영은 보장하되 신고가 접수된 글에 대해서는 인터넷 서비스 운영자가 게시자 정보(가입 정보 및 IP 주소)를 사법기관에 지체없이 통보하도록 하는 정책을 마련해야 한다. 또한, 악플의 지속성과 내용상의 문제에 대해 긴 시간 검토하며 피해

자의 고통을 방치하는 게 아니라, 신속한 판단과 처벌을 통해
인권을 보호할 수 있는 방안을 마련하는 것이 정말 중요하다고
본다.

스무 살 대학생이 서른여섯
아기 엄마가 되었습니다

국회의원 첫 인사

안녕하십니까. 83년생 작은 은혜, 정은혜 의원입니다.

존경하는 이해찬 당대표님, 이인영 원내대표님 그리고 선배 의원 님들을 모시고 이 자리를 빌려 정식으로 첫인사를 올립니다.

한미 관계의 든든한 가교 역할을 해주실 존경하는 이수혁 주미 대 사님께도 힘찬 응원의 말씀을 드립니다.

2004년 스무 살의 열린우리당 인턴을 시작으로 이제는 서른여섯 살 아기 엄마가 되었습니다.

지난 16년간 민주당에서 보고 듣고 자랐습니다. 이제는 제가 받은 그 은혜를 갚을 수 있는 소중한 기회를 주셔서 진심으로 감사합니 다.

"과거를 바꿀 수 없다면 미래를 바꿔야 합니다." 우리 당의 최연소 의원으로서 미래 세대를 위한 정책과 법안을 마련하는 일에 집중하겠습니다. 산업통상자원중소벤처기업위원회의 위원으로 대한민국의 미래 먹거리와 신재생 에너지를 위해 고민하겠습니다. 여성과 청년이 잘사는 대한민국을 위해 그분들의 말씀을 경청하고 공감하겠습니다.

"농부는 밭을 탓하지 않는다." 존경하는 노무현 대통령님의 말씀처럼 저에게 주어진 8개월의 시간 동안 하루를 1년같이 생각하여 행동하겠습니다.

다시 한번 저에게 주어진 소중한 기회를 감사히 여기며, 늘 겸손한 마음으로 최선을 다하겠습니다.

우리 당의 당원, 당직자, 의원님들이 보시기에 "일 잘한다, 든든하다"는 말씀을 들을 수 있도록 노력하겠습니다.

선배 의원님께서도 막내에게 많이 조언해주시고 이끌어주십시오. 감사합니다.

신라대학교에 걸린 현수막

나에게 참
고마운 곳

나는 부산과 미국에서 유학(?)한 시간을 빼면 내내 부천에서 살고 있다. 아버지는 전남 벌교, 어머니는 전북 부안이 고향이어서 내게 부산은 참 낯설고 외딴 도시였다. 규모가 작아서 외딴 곳이 아니라 정말 생뚱맞게 가게 된 곳이어서 그렇다. 하지만 부산은 내게 참 감사한 곳이다.

아무 연고도 없는 부산으로 대학을 간 것은 나를 강하게 키우고 싶다는 아버지의 바람 때문이었다. 갓 스무 살이 된 나에게 "너 혼자 살아봐라, 스스로 이겨내라!"라고 말씀하신 아버지. 입시를 준비하기 전까지는 잘 몰랐던 학교였지만, 신라대학교는 역사와 전통이 있는 학교였고, 무엇보다 내가 원하는 전공을 공부할 수 있었던 곳이었다.

일반적인 월세는 감당할 수 없어서 감전역 쪽방촌에서 월세

6만 원을 내고 살았다. 하루에 7시간씩 카페에서 아르바이트를 하면서 평생 닦을 만큼의 많은 컵을 하도 많이 닦아 돌아오면, 평생 다시는 하고 싶지 않다는 생각도 했다. 보일러가 없어서 연탄을 때고, 재래식 화장실을 사용하며, 가전제품이 전무한 공간에서 쉴 수 있다는 것에 감사하는 방법을 배웠다. 지금도 그때의 나처럼 어렵게 살아가는 분들이 전국에 무수히 많을 것이다.

그런 측면에서 신라대 재학 시절은 지금의 내가 있도록 만들어준 일종의 훈련의 시간이었다. 곁길로 가지 않고 온전히 공부에 집중할 수 있도록 나를 이끌어주고 품어준 학교가 그래서 나는 더 자랑스럽다. 2학년 때까지는 쪽방촌과 고시원을 전전했지만 3, 4학년 때는 기숙사가 완공되어 보다 쾌적한 환경에서 공부할 수 있었고, 감사하게도 성적 장학금까지 받았다.

당시 신라대에는 젊은 교수님들이 많았고 그분들은 하나같이 열정과 따뜻함을 가지고 나를 잘 지도해주셨다. 특히 김영일 교수님, 전동진 교수님, 강경태 교수님이 생각난다. 이 교수님들을 만난 것이 신라대에서 나의 가장 좋았던 경험이 아닐까 싶을 정도로 정말 친정 부모님처럼 느껴지는 고마운 분들이다. 열정 넘치는 김영일 교수님은 학생이 할 수 있는 일들을 적극적으로 찾아주셨고, 사무실에 가면 언제든 상담도 해주셨다. 전동진 교수님은 정말 따뜻한 성품으로 내 마음을 편안하게 해주셨고, 강경태 교수님은 정말 유쾌한 분이어서 같이 있기만 해도 에너지가 샘솟는 느낌이 들었다.

이 모든 것들이 나에겐 너무나 고마운 기억으로 남아 있다. "친아버지가 맞냐?"며 부모님께 서운한 마음을 토로할 정도로 힘든 적도 있지만, 결과적으로 부산에서의 4년은 나에게 영적, 정신적, 지적으로 성장할 수 있는 시간이었다.

"부산에서 대학을 나왔는데 왜 부산 지리를 모르세요?"

부산에서 살았다고 하면 대개 이런 질문이 나오곤 하는데, 대학에 다닌 4년간 내 삶에서는 학교와 아르바이트, 교회가 전부였다. 내게는 절실한 꿈이 있었고, 어떻게든 버티고 살아야 했다. 다른 생각을 할 겨를이 없었다. 한순간이라도 집중하지 않으면 학비를 낼 돈도, 시험을 준비할 시간도 없었을 것이다. 그러한 시간이 오늘의 나를 만들었다. 지금도 종종 그때의 정은혜에게 뒤처지지 않고 싶어 최선을 다하는 중이다.

모교인 신라대학교에 현수막이 걸렸다. 국회의원이 된 것을 축하한다는 현수막이다. 나를 잊지 않고 기억해주는 학교가 너무 고맙고 자랑스럽다. 많은 이들은 모르지만, 나는 그저 성적에 맞춰 신라대학교를 선택한 것이 아니었다. 꿈을 이루기 위해 가장 나은 선택이 무엇인지 고민했고, 아는 사람 하나 없는 신라대학교에 전공 하나만 보고 입학했다. 많은 사람들이 학교가 좋지 않아서 출발부터 불리하다는 이야기를 많이 하지만, 나는 그렇게 생각하지 않는다. 학교가 나를 빛내기를 기대하기보다 학교를 빛내는 사람이 되면 된다고 생각한다. 최선을 다해서 내가 속한 곳을 빛나게 만들면 되지 않을까? 누군가는 정은혜는 좀 달라서, 스무 살 때부터 뭔가 생각이 남달랐다고 말할지도 모르지만, 나처럼 부족한 사람도 작게나마 내 성취를 통해 학교를 빛낼 수 있다면 누구라도 그렇게 할 수 있다고 생각한다. 내가 이렇게 학교생활을 했으니까 이 글을 읽는 당신도 하라는 뜻이 아니다. 정말 여러모로 부족한 정은혜도 했다면 당신은 더 잘할 수 있다는 뜻이다. 자신이 있는 곳이 초라해 보인다고 좌절하지 말고 원하는 삶을 위해 그곳에서 최선을 다하면 언젠가 그 선택에 감사하는 날을 맞이할 수 있지 않을까?

국회의원 선서

기쁨보다 책임감

무척 떨렸다. 아침부터 선서문을 보고 중얼중얼 계속 연습했다. 전 국민이 다 본다고 생각하니 어깨가 더욱 무거웠다. 특히 우리 당에 30대 국회의원은 나밖에 없는 터라, 30대를 포함한 미래 세대를 대표한다고 생각하니 어깨가 부담에 짓눌려 으스러질 것 같았다. '안녕하십니까'로 시작되는 선서문을 몇 번을 읽었는지 모르겠다. 어느새 선서하러 갈 시간이 되었다. 직원들의 응원을 받으며 본회의장으로 출발했다. 걸어가면서도 연습 또 연습, 오가며 만나는 선배 의원님들의 악수와 격려 인사도 어떻게 받았는지 기억이 나지 않을 만큼 그날은 긴장을 많이 했다. 그렇게 연습하다 보니 어느새 본회의장에 도착했다. 평소에 즐겨 쓰는 삼색 볼펜을 손에 쥐고 마침내 선서 자리에 섰다.

    떨리는 마음으로 의원 선서를 하고 문희상 국회의장님께 전달드린 후 머릿속으로 수 천 번 연습한 악수를 청했으나 의장님은 보지 못하셨는지 선서문만 받으시고 내 시야에서 사라지셨다. 여기까지 와서 포기하기가 우스워 뜀을 뛰며 최대한 높이 손을 뻗어 악수를 청하자 본회의장이 웃음으로 가득 찼다. 뒤이어 선서 후 인사말을 차분히 읽어 내려갔다. 많은 박수와 함께 "썩 잘했다"는 의장님의 한마디에 긴장이 풀리며 피곤이 몰려왔다. 인사말에 했던 것처럼 값없이 받은 선물이라는 이름에 걸맞게 부끄럽지 않은 의정 활동을 하고 싶었다. 아버지가 가훈으로 삼으신 '배워서 남 주고, 벌어서 남 줘라'라는 좌우명을 실천할 수 있는 기회가 내게 주어진 것이다. '국회의원 정은

혜'로서 가족에게, 더불어민주당에, 대한민국 국회에, 그리고 대한민국 국민에게 부끄럽지 않도록 최선을 다해야겠다고 다짐하며 의원 선서 인사말을 여기 옮겨본다.

존경하는 문희상 국회의장님, 그리고 선배 의원 여러분, 안녕하십니까,

더불어민주당 비례대표 정은혜 의원입니다.

저에게 여성과 청년의 목소리를 대변할 수 있는 소중한 기회를 주신 국민 여러분께 깊은 감사의 인사를 드립니다.

앞으로 한미 관계에 있어 든든한 힘이 되어주실 존경하는 이수혁 주미 대사님께도 힘찬 응원의 말을 전합니다.

저에게 허락된 8개월의 시간 동안, 하루를 1년과 같이 생각하며, 많이 듣고, 공감하고, 행동하겠습니다. 미래 세대를 위한 정책과 법안을 마련하는 일에 집중하겠습니다.

'배워서 남 주고, 벌어서 남 줘라.'

이 말씀은 당신의 삶으로 본을 보여주셨던 아버지께서 저에게 늘 당부하시는 말씀입니다.

지난 20년간, 홀로 사는 어르신들에게 점심 식사를 대접했으며 혼자 아이를 키울 수밖에 없는 미혼모들과 함께 생활해왔습니다. 그렇게 자라오면서 저는 절망적 상황에 놓인 그들에게 주어지는 정부의 지원이, 또 그 근거가 되는 법률이 얼마나 큰 희망이 될 수 있는지를 두 눈으로 목격했습니다.

제 이름 '은혜'는 값없이 주는 선물이라는 뜻입니다. 이제는 그간 제가 받은 은혜를 값없이 돌려드릴 때입니다.

이 시대 여성과 청년의 목소리를 대변하는 국회의원으로 자유와 정의, 평화와 민주, 바른 미래의 가치를 '더불어' 실현해나가는 진정한 화합의 정치를 만들어가겠습니다.

"굳이 일류 대학을 나오지 않는다 할지라도 높은 자리에 올라가지 않아도 사람 대접 받을 수 있는 세상!"

"먹는 것, 입는 것 걱정 안 하고, 살기 힘들고 분하고 서럽다며 스스로 목숨을 끊는 일 없는 세상!"

이 말씀은 제가 존경하는 노무현 대통령님께서 30년 전, 바로 이 자리에서 하신 말씀입니다.

지금의 대한민국은 그때보다 얼마나 더 나아졌습니까.

앞으로 저는 대한민국의 국민만 보고 가겠습니다.

오늘의 위대한 대한민국을 있게 하신 국민 여러분께 은혜를 갚는, 국회의원 정은혜가 되겠습니다.

감사합니다.

_2019년 10월 28일
국회의원 정은혜

마음먹은
대로

두서없이 쓴 글이 이제 막바지에 다다랐다. 길다면 긴 시간이지만 나의 서른여섯 번째 해는 순식간에 지나가버렸다. 비례대표 승계로 국회의원이 되었을 때, 내 기다림이 첫 열매를 맺었다는 생각에 가슴이 뛰고 희망과 기대가 벅차올라 무엇이든 할 수 있을 것 같았다. 하지만 감격의 기쁨도 잠시, 현실의 시계추는 너무나도 빨라 내 스스로를 증명해야 했다. 좌절과 낙심, 그리고 두려움이 엄습하는 경우가 종종 있다. 마음속에서 자꾸 뿌리를 내리려 하는 불안감의 싹을 이 책을 쓰면서 어느 정도 잘라냈다. 정신없이 밀려오는 순간의 파도를 타고 넘느라 긴 안목으로 세상을 보지 못하고 있었다는 것도 알게 되었다. 서른여섯의 시간을 죽 펼쳐놓고 보니 인생이 무엇인지 이제 조금 알 것 같다.

한 가지 분명한 것은 내가 꿈을 정하고 그것을 현실로 이루는데 여러 어려움이 있었다. 기다림 속에는 분명 좌절과 낙심, 내 뜻대로 되지 않아 절망했던 시간도 포함되어 있다. 또 그 기다림 속에는 내 뜻과는 다르게 흘러가는 시간이 계속되어 과연 내가 처음에 정한 꿈이 잘못된 것은 아닌지 불안했던 마음도 포함되어 있다.

내가 꿈을 꾼다고 해서 모든 일이 노력한 만큼 이루어지지는 않는다. 내가 기대한 대로 만사가 순탄하게 흘러가는 것도 아니다. 그때마다 조급해지는 마음을 달래는 것이 쉬운 것은 아니다. 꿈은 멀고 현실의 벽은 높지만, 그럴 때에는 믿고 기다리며 현재 내가 할 수 있는 것을 찾아서 했다. 언젠가 이 시간이 지나고 내 꿈은 반드시 이루어질 것이라는 믿음. 내가 계획한 시간과 방법대로 이루어지지는 않더라도, 내가 계획한 것들이 결국에는 다 이루어질 것이라는 확신. 때로는 돌아가기도 하고 때로는 예상보다 빨리 이루어지기도 했던 기다림의 시간 모두가 나에게는 소중한 시간들이다.

이제야 깨닫지만, 중요한 건 그 기다림의 시간을 어떻게 받아들이고 채우는가이다. 현실 앞에서 자꾸 조급해지는 마음을 달래며 멀어 보이는 꿈을 향해 계속 전진할 수 있다면 당신이 기다리는 꿈의 열매는 언젠가 눈앞에 성큼 다가올 것이다. 처음 정치를 시작한 이후 국회의원이 되겠다는 목표는 비현실적이었고, 평생을 기다려도 모자랄 수 있는 목표인 것을 잘 알고 있었다.

내가 원하고 바라는 일이 이뤄지지 않을 수 있다. 아니, 이뤄지지 않을 가능성이 더 높다. 그럼에도 불구하고 나는 내가 하고 싶은 일들을 하며 살겠다. 행복이란 무엇을 이뤄서가 아니라 인생의 과정 속에서 감사하며 즐기며 살 때 오는 것이라고 생각한다. 남들과 비교하면서 불안하게 사는 삶이 아니라 내 인생에 주어진 시간표에 맞게, 내가 원하고 바라고 기다리는 삶을 살길 소망한다.